CAMINHANDO PELA LIBERDADE

Russell Freedman

CAMINHANDO PELA LIBERDADE
A HISTÓRIA DO BOICOTE AOS ÔNIBUS EM MONTGOMERY, ALABAMA, EM 1956

Ilustrações de **Eduardo de Amorim Nunes**
Tradução de **Teresa Dias Carneiro**

Título original: *Freedom Walkers: The Story of the Montgomery Bus Boycott*
Copyright do texto © 2006, Russell Freedman
Copyright das ilustrações © 2023, Eduardo de Amorim Nunes
Tradução para a língua portuguesa © 2023, Casa dos Mundos / LeYa Brasil, Teresa Dias Carneiro
Publicado mediante acordo com Holiday House Publishing, Inc., New York.

Todos os direitos reservados e protegidos pela Lei 9.610, de 19.02.1998.
É proibida a reprodução total ou parcial sem a expressa anuência da editora.

Editora executiva
Izabel Aleixo

Produção editorial
Ana Bittencourt, Carolina Vaz e Rowena Esteves

Revisão
Marcela Ramos

Diagramação e projeto gráfico
Alfredo Rodrigues

Capa e adaptação de mapa
Kelson Spalato

Mapa
Heather Saunders

Dados Internacionais de Catalogação na Publicação (CIP)
Angélica Ilacqua CRB-8 / 7057

Freedman, Russell
    Caminhando pela liberdade : a história do boicote aos ônibus em Montgomery, Alabama, em 1956 / Russell Freedman; tradução de Teresa Dias Carneiro; ilustrações de Eduardo de Amorim Nunes. – São Paulo: LeYa Brasil, 2023.
    112 p.: il.

ISBN 978-65-5643-206-9
Título original: Freedom Walkers: The Story of the Montgomery Bus Boycott

1. Segregação em transportes - Montgomery, Alabama 2. Negros – Direitos civis - Estados Unidos - História 3. Montgomery (Estados Unidos) - Questão racial I. Título II. Carneiro, Teresa Dias III. Nunes, Eduardo de Amorim

22-1883   CDD 323.1196

Índices para catálogo sistemático:
1. Segregação em transportes - Montgomery, Alabama

LeYa Brasil é um selo editorial da empresa Casa dos Mundos.

Todos os direitos reservados à
Casa dos Mundos Produção Editorial e Games Ltda.
Rua Frei Caneca, 91 | Sala 11 – Consolação
01307-001 – São Paulo – SP
www.leyabrasil.com.br

Para Kate,
o espírito cálido e vivo da Holiday House.

Sumário

Mapa: Montgomery, Alabama, 1955-1956	9
Introdução – Por que eles caminharam?	11
1. Jo Ann Robinson	15
2. Claudette Colvin	25
3. Rosa Parks	33
4. Martin Luther King Jr.	43
5. Heróis do boicote	55
6. Orgulho de ser preso	65
7. Caminhando para a vitória	77
8. As crianças que virão...	89
Agradecimentos	97
Notas	99
Referências bibliográficas	107

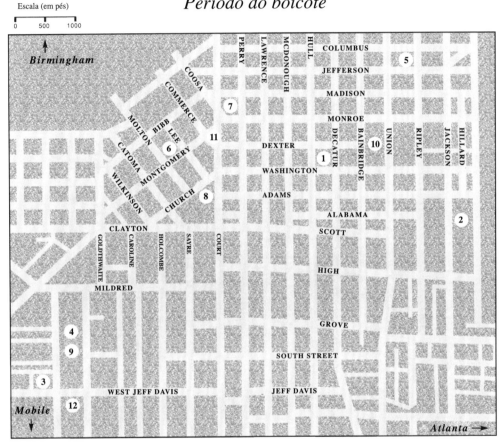

Montgomery, Alabama, 1955-1956
Período do boicote

1 Igreja Batista da Dexter Avenue
2 Residência paroquial da Igreja Batista da Dexter Avenue (casa de Martin Luther King Jr.)
3 Igreja Batista da Holt Street
4 Igreja Luterana da Trindade
5 Primeira igreja batista
6 Local da primeira prisão de Rosa Parks
7 Arquivo municipal
8 Sala de audiências
9 Casa de Rosa Parks
10 Capitólio estadual
11 Court Square
12 Casa de E. D. Nixon

Ônibus segregado no Sul dos Estados Unidos. Pelas leis Jim Crow, passageiros negros só podiam se sentar no fundo dos ônibus e eram discriminados em locais públicos, como escolas, teatros e hotéis.

Introdução

Por que eles caminharam?

Não faz muito tempo, em Montgomery, no estado do Alabama, a cor da pele determinava onde o passageiro poderia se sentar num ônibus público. Se você fosse um afro-americano, teria que se sentar no fundo do ônibus, mesmo que houvesse lugares vagos na parte da frente.

Naquela época, a segregação racial era a norma por todo o Sul dos Estados Unidos. Leis rígidas – chamadas de leis Jim Crow – impunham um sistema de supremacia branca que discriminava negros e os mantinha como cidadãos de segunda classe.

As pessoas eram separadas pela raça desde o momento em que nasciam, em hospitais segregados, até o dia em que eram enterradas, em cemitérios segregados. Brancos e negros não eram matriculados nas mesmas escolas, não frequentavam as mesmas igrejas, não comiam nos mesmos restaurantes, não dormiam nos mesmos hotéis, não bebiam nos mesmos bebedouros, nem se sentavam juntos nos mesmos cinemas.

Em Montgomery, era proibido por lei que uma pessoa branca e uma pessoa negra jogassem xadrez num lugar público ou compartilhassem o mesmo táxi.

O direito ao voto era negado à maioria dos negros sulistas. O maior obstáculo era o imposto de votação, um imposto especial cobrado de todos os eleitores, porém elevado demais para a maioria dos negros, assim como para os brancos pobres. Os eleitores também tinham que se submeter a um teste de alfabetização para provar que sabiam ler, escrever e entender a Constituição dos Estados Unidos. Esses testes eram fraudados para desqualificar até mesmo negros muito cultos. Os que ultrapassavam os obstáculos e insistiam em se cadastrar como eleitores enfrentavam ameaças, assédio e até mesmo violência física. Em consequência disso, os afro-americanos do Sul não conseguiam expressar suas queixas na cabine de votação, que, em sua grande maioria, ficavam fechadas para eles. Porém, havia outras formas de protesto e, um dia, há meio século, os cidadãos negros de Montgomery se insurgiram e se uniram para exigir seus direitos – em caminhadas pacíficas.

Tudo começou num ônibus.

Jo Ann Robinson foi expulsa do ônibus após ter se sentado, sem perceber, na última fileira da área reservada para brancos quando estava a caminho do aeroporto para visitar sua família em Ohio, no Norte dos Estados Unidos, pouco antes do Natal.

1

Jo Ann Robinson

"Saia já daí! Saia já daí!"

Olhando em retrospecto, ela se lembrava do incidente como sendo a experiência mais humilhante da sua vida, "uma ferida profunda que nunca iria sarar".[1] Tudo aconteceu um pouco antes do Natal de 1949. Ela estava indo visitar alguns parentes em Cleveland, no estado de Ohio, onde passaria as festas de fim de ano.

Mais cedo, naquele mesmo dia, dirigira até Dannelly Field, o aeroporto de Montgomery, no Alabama, e despachara suas malas no voo para Cleveland. Depois, voltou para o campus da Alabama State College, uma faculdade só para negros onde tinha sido contratada naquele outono como professora de inglês. Após estacionar o carro no campus, pegou uma braçada de presentes de Natal, andou até o ponto de ônibus mais próximo e esperou pela viagem de volta ao aeroporto.

Logo depois, um ônibus da empresa Montgomery City Lines surgiu e parou no ponto. Equilibrando os presentes, Jo Ann Robinson subiu no ônibus e introduziu a moedinha na caixa de cobrança de passagens. Ela reparou que o ônibus estava quase vazio. Havia apenas dois passageiros: um homem negro num banco no fundo e uma mulher branca na terceira fileira. Sem pensar, Jo Ann ocupou um banco duas fileiras atrás da mulher branca.

"Cheguei à quinta fileira de bancos e me sentei", lembrou-se ela, "imediatamente fechando os olhos e sonhando com as duas semanas de férias que teria com minha família e meus amigos em Ohio."[2]

Arrancada de seus sonhos por uma voz enraivecida, ela abriu os olhos e se endireitou no banco. O motorista tinha parado o ônibus e se virado para trás. Ele estava falando com ela: "Se você pode se sentar na quinta fileira nos outros ônibus de Montgomery", disse ele, "é melhor descer deste e subir num deles".

Ela não entendeu a mensagem do motorista de pronto. Jo Ann ainda estava com a cabeça nas nuvens, pensando na viagem de férias. De repente, o motorista se levantou, foi em sua direção e parou com o braço erguido como se fosse bater nela. "Saia já daí!", gritou ele. "Saia já daí!"[3]

Abalada e assustada, Jo Ann se pôs de pé e saiu do ônibus aos prantos, cambaleando, com os presentes caindo dos braços. Ela cometera o erro de se sentar num dos dez bancos da frente, reservados apenas para passageiros brancos.

"Eu me senti um cachorro", escreveu ela posteriormente. "Fiquei furiosa depois que tudo passou e percebi que eu era um ser humano, tão inteligente quanto aquele motorista de ônibus e muito mais esclarecida do que ele. Mas acho que ele quis me magoar e conseguiu (...) Chorei o caminho todo até Cleveland."[4]

Jo Ann ainda estava furiosa quando voltou para Montgomery depois das festas de fim de ano. Ela acabara de entrar no Conselho Político Feminino (WPC, na sigla em inglês), uma influente organização de professoras, enfermeiras, assistentes sociais e outras profissionais afro-americanas que trabalhavam para promover os interesses da comunidade negra. Porém, quando ela contou para suas companheiras o que acontecera, soube que sua experiência estava longe de ser incomum. Muitos outros passageiros negros, principalmente mulheres, vinham sendo maltratados por motoristas de ônibus brancos havia anos. Esse comportamento era um fato corriqueiro em Montgomery, conforme lhe contaram. As participantes do Conselho Feminino já tinham protestado, mas não adiantou nada. Jo Ann botou na cabeça que iria fazer tudo que estivesse ao seu alcance para questionar o esquema de assentos segregados nos ônibus da cidade.

Todos os dias, cerca de 40 mil negros circulavam nos ônibus públicos de Montgomery, juntamente com 12 mil brancos. Os primeiros dez bancos de todos os ônibus eram reservados para passageiros brancos, ficando os últimos 26 disponíveis para negros. Porém a linha divisória entre as áreas não era fixa. O motorista tinha o poder de expandir a área dos brancos e encolher a área dos negros, mandando que os negros cedessem seus assentos para os brancos.

Os passageiros brancos subiam no ônibus, pagavam a passagem com moedinhas na caixa coletora e se sentavam nos bancos da frente. Os passageiros negros não podiam passar pela área dos brancos depois de pagar a passagem. Eles tinham que descer do ônibus e reentrar pela porta traseira. Às vezes, um motorista maldoso aceitava o pagamento da passagem de um negro e, enquanto ele estava dando a volta até a porta traseira, saía com o ônibus.

"Nem todos os motoristas faziam essas maldades", escreveu Jo Ann. "Havia alguns motoristas muito educados e gentis que cumpriam as leis segregacionistas sem ofender os passageiros. Havia motoristas bons e maus, atenciosos e odiosos. E os passageiros negros tinham que lidar com os dois tipos."[5]

O sistema de ônibus era um lembrete amargo diário da segregação imposta em Montgomery. Muitas dessas pessoas eram mulheres negras que cruzavam a cidade toda manhã para trabalhar como empregadas domésticas, cozinheiras e enfermeiras em casas de brancos. Outros passageiros negros eram estudantes, crianças e idosos. Todos se sentiam impotentes para desafiar os motoristas brancos quando eles mandavam que se levantassem do banco, porque estes estavam respaldados pela lei. Mesmo sem nem um único passageiro branco no ônibus, os dez primeiros bancos eram sempre reservados para eles, caso um ou outro quisesse andar de ônibus. Era frequente que passageiros negros se espremessem no corredor do ônibus, de pé ao lado de assentos vazios, onde não ousavam se sentar. E se, por acaso, a área dos brancos ficasse lotada, os negros sentados logo atrás dos bancos reservados tinham que se levantar para que mais brancos se sentassem. Idosos negros eram obrigados, por lei, a ceder seus lugares para crianças brancas em idade escolar.

Jo Ann Robinson não aceitava ser desrespeitada. Ela crescera numa pequena fazenda na Geórgia sendo a caçula de doze irmãos, se formara como a melhor aluna da turma no ensino médio numa escola só para negros e foi a primeira da família a se formar na faculdade. Depois de trabalhar como professora no Texas, ela se mudou para Montgomery no verão de 1949, aos 37 anos de idade, para compor o Departamento de Inglês na Alabama State College, onde ficou conhecida por ser uma professora dinâmica e popular.

Jo Ann passou a frequentar a igreja batista da Dexter Avenue, assim como muitos professores da faculdade. Foi quando entrou para o Conselho Político Feminino, fundado três anos antes, quando a Liga de Eleitoras local se recusou a aceitar negras. "Éramos o 'poder feminino', organizadas para enfrentar qualquer injustiça, a qualquer custo", recordou-se ela.[6] "Eu vivera a experiência mais humilhante da minha vida quando aquele motorista de ônibus me obrigou a me

Pátio de uma rodoviária segregada no Sul. Mesmo antes de embarcar nos ônibus, brancos e negros eram obrigados a esperar em áreas separadas.

levantar do banco na quinta fileira e ameaçou me bater quando não me levantei rápido o bastante. Por isso, estava pronta para conquistar o WPC quando chegasse a hora."[7]

Em 1950, ela assumiu a presidência do WPC. Sob sua liderança, os assentos segregados nos ônibus públicos se tornaram a questão mais urgente do grupo. Acompanhada por outras líderes da comunidade negra, Jo Ann e as mulheres do WPC se encontraram várias vezes com os vereadores de Montgomery e, posteriormente, com funcionários da empresa de ônibus. Suas demandas eram modestas. Elas só queriam um "esquema de assentos melhor". A palavra *integração* nunca era mencionada. "Admitir que americanos negros estivessem tentando se integrar teria sido um pouco demais", disse Jo Ann mais tarde. "Provavelmente teria havido muitas mortes e detenções para quem ousasse sugerir tal ideia!"[8]

Os líderes negros reclamavam dos motoristas abusivos. Eles enfatizavam que as paradas de ônibus eram mais distantes nos bairros negros do que nas áreas dos brancos. E pediam que a empresa de ônibus contratasse mais motoristas negros. Os funcionários brancos ouviram com educação. E lembraram aos negros que a segregação nos ônibus públicos era exigida tanto por leis municipais quanto estaduais. Porém, fizeram duas pequenas concessões. O prefeito instruiu que a empresa de ônibus mandasse os motoristas pararem em cada esquina nos bairros negros, assim como os ônibus faziam nas áreas brancas da cidade. E pediram que os motoristas fossem mais bem-educados no futuro.

Porém nada além disso mudou. Então, em 17 de maio de 1954, o jornal *Montgomery Advertiser* estampou uma manchete incrível. Numa importante decisão, que afetaria as relações raciais por todos os Estados Unidos, a Suprema Corte Americana declarara que a segregação nas escolas públicas do país era inconstitucional. Apesar de a decisão não ter tido efeito imediato em Montgomery, muitos afro-americanos acreditaram que o mesmo princípio se aplicaria a outros ambientes segregados, como o transporte público. Por fim, ali estava a oportunidade de questionar as leis de segregação. Jo Ann Robinson ficou motivada a escrever ao prefeito de Montgomery, W. A. "Tacky" Gayle, pedindo melhores condições para passageiros negros nos ônibus municipais e mencionando, pela primeira vez, a possibilidade de um boicote.

"Prefeito Gayle, três quartos dos passageiros de transporte público são negros", escreveu ela. "Se os negros deixarem de ser clientes regulares, os ônibus não poderão mais circular (...) Tem havido conversas com 25 ou mais organizações locais para o planejamento de um boicote aos ônibus municipais."[9]

Para ser eficaz, o boicote precisaria do apoio conjunto dos passageiros afro-americanos de ônibus da cidade. A maioria deles não podia bancar um carro próprio. Como iriam para o trabalho? Pedir que os negros protestassem por seus direitos no Sul segregado do início dos anos 1950 era pedir que tivessem uma coragem incomum – arriscando sua subsistência e até mesmo sua segurança física. Eles poderiam ser demitidos, assediados nas ruas ou coisa pior. A Ku Klux Klan e outros grupos supremacistas brancos faziam tudo ao seu alcance para intimidar os negros e obrigá-los à submissão. E não evitavam a violência. Os negros que infringissem as leis de segregação racial Jim Crow poderiam ser intimidados, agredidos e até assassinados.

"Eu não fazia a menor ideia de como iniciar um boicote contra a empresa de ônibus sem envolver outras pessoas que poderiam se ferir", recorda-se Jo Ann.[10]

Porém, as histórias sobre motoristas abusivos e incidentes humilhantes nos ônibus municipais continuaram a se espalhar, o que só fazia aumentar a raiva na comunidade negra. O Conselho Político Feminino começou a discutir planos para um boicote que canalizasse essa raiva e mobilizasse a força da comunidade negra de Montgomery.

Claudette Colvin, de quinze anos, estava voltando da escola num ônibus lotado quando o motorista exigiu que ela cedesse o lugar para uma pessoa branca. Relembrando suas aulas sobre a Constituição e os direitos dos cidadãos, ela se recusou. Por isso, o motorista chamou a polícia, que derrubou seus livros, a retirou à força do ônibus e a levou presa.

2

Claudette Colvin

"É meu direito constitucional!"

Dois jovens de Nova Jersey – Edwina Johnson de dezesseis anos e seu irmão, Marshall, de quinze – chegaram a Montgomery para visitar parentes no verão de 1949. Ninguém lhes falou das leis segregacionistas da cidade em relação ao transporte público e, um dia, eles pegaram um ônibus e se sentaram perto de um homem e de um menino brancos.

O menino branco disse a Marshall que se levantasse do assento ao lado dele. Marshall se recusou. Então o motorista do ônibus mandou que os adolescentes negros saíssem, mas eles continuaram sentados onde estavam. Mais ao norte, estavam acostumados a andar em ônibus e trens integrados. Eles não entenderam por que deveriam abrir mão de seus assentos.

O motorista chamou a polícia, e Edwina e Marshall foram presos. Mantidos na cadeia por dois dias, foram condenados, numa audiência judicial, por infringirem as leis segregacionistas municipais. O juiz Wiley C. Hill ameaçou mandá-los para o reformatório até os 21 anos de idade, mas os parentes conseguiram um advogado que os representasse. Eles receberam uma multa e foram mandados de volta para Nova Jersey.

Nos anos seguintes, outros passageiros negros foram presos e condenados pelo mesmo crime: sentar-se em assentos reservados para os brancos. Eles pagavam as multas sem contestar e continuavam a pegar ônibus públicos. Foi preciso que surgisse uma corajosa estudante do ensino médio de quinze anos para que alguma coisa fosse feita.

Claudette Colvin era uma aluna nota dez da escola Booker T. Washington High, exclusiva para negros. Ela deve ter prestado muita atenção às aulas de educação cívica, pois insistiu em aplicar as lições que aprendeu ao pegar um ônibus municipal em 2 de março de 1955.

Claudette estava voltando para casa após a aula naquele dia. Ela se sentou no meio do ônibus, atrás da área reservada para os brancos. Conforme mais passageiros foram subindo, o ônibus foi enchendo até não haver mais lugares vazios. O corredor foi ficando lotado com passageiros de pé, a maioria negros e uns poucos brancos.

O motorista parou o ônibus e mandou que os passageiros negros sentados atrás da área dos brancos se levantassem e fossem para o fundo, deixando mais lugares disponíveis para os brancos. Com relutância, os passageiros negros foram se levantando e ocupando o corredor, enquanto os brancos iam pegando os lugares vazios.

Claudette não se moveu. Ela sabia que não estava sentada na área reservada para os brancos. Ela achou que estava longe o bastante dessa área e que tinha direito ao seu lugar. Uma mulher negra grávida estava sentada ao seu lado. Quando o motorista insistiu que a mulher se levantasse e ficasse em pé no corredor, um homem negro que estava mais no fundo lhe ofereceu seu lugar e desceu do ônibus rapidamente para evitar problemas.

Claudette ficou ocupando um banco duplo sozinha. "Ei, levante-se", ordenou o motorista de ônibus. Ainda assim ela se recusou a se mover. Nenhuma das mulheres brancas que estavam de pé iria se sentar no lugar vazio ao lado de Claudette. Era contra a lei negros se sentarem na mesma fileira que brancos.

O motorista se recusou a andar com o ônibus. "Isso não pode continuar", disse ele. "Vou chamar a polícia."[11] Assim ele fez e, quando a polícia chegou, pediu que Claudette fosse detida.

"Você não vai se levantar?", perguntou um dos policiais.

"Não", respondeu Claudette. "Não tenho que me levantar. Paguei a passagem, então não tenho que me levantar." Na escola, Claudette vinha estudando a Constituição dos Estados Unidos e a Declaração dos Direitos Humanos e estava levando as aulas muito a sério. "É meu direito constitucional me sentar aqui tanto quanto é dessa senhora [branca]", disse ela à polícia. "É meu direito constitucional!"[12]

Negros já tinham sido presos antes por retrucar a policiais brancos. Agora era a vez de Claudette. Ela estava chorando e enfurecida como nunca antes quando o policial disse que ela estava presa. "Você não tem o direito de fazer isso", protestou.[13] A adolescente se debateu quando eles jogaram seus livros para o lado, agarraram-na pelos pulsos e a arrastaram para fora do ônibus. Foi algemada aos gritos.

"Eu não sabia o que estava acontecendo", disse ela posteriormente. "Eu só estava com raiva. Como todo adolescente, eu só estava revoltada. Eu me senti impotente."[14] Ela permaneceu presa na cadeia da cidade até que o pastor da sua igreja pagou a fiança e ela foi liberada.

De acordo com as leis segregacionistas de Montgomery, Claudette tinha, de fato, o direito de se sentar atrás da área reservada para brancos. Os negros só precisariam abrir mão de seus assentos logo atrás das fileiras dos brancos caso houvesse outros vagos nas fileiras mais ao fundo, do contrário não eram obrigados a ceder o lugar. Essa era a política oficial. Porém, na prática, sempre que um branco precisava de um assento, o motorista mandava que negros se levantassem e fossem para a parte traseira do ônibus, mesmo que tivessem que ficar de pé no corredor.

Os promotores aplicaram a sanção máxima a Claudette. Ela foi acusada não apenas de infringir as leis segregacionistas, mas também de agressão ao resistir à prisão. "Ela insistiu que era tão boa quanto qualquer branco", contou ao juiz, na audiência, o surpreso policial que efetuou a prisão.[15]

A prisão de Claudette acirrou os ânimos na comunidade negra. E. D. Nixon, um líder negro influente, saiu em defesa da adolescente. Nixon exercia a profissão de carregador de vagão-dormitório em estações ferroviárias, mas sua paixão era trabalhar na defesa dos direitos humanos. Homem robusto de porte altivo e voz imponente, ele fundara a seção de Montgomery da Associação Nacional para o Progresso das Pessoas de Cor (NAACP, na sigla em inglês). Nixon era reconhecido tanto por negros quanto por brancos como uma presença forte na comunidade negra, uma força vital respeitada por todos. Diziam que ele conhecia todos os policiais, juízes e funcionários públicos brancos da cidade, e estava sempre pronto para acudir alguém em apuros.

Quando Nixon soube da prisão de Claudette Colvin, entrou em contato com Clifford Durr, um advogado branco liberal de Montgomery. Juntos, entraram em contato com Fred Gray, um advogado negro de 24 anos, que concordou em representar Claudette em juízo. Gray tinha crescido em Montgomery, frequentado a Alabama State College e ido para Ohio para cursar Direito, porque a faculdade local não tinha este curso para negros. Ele era um dos dois únicos advogados negros da cidade.

Após um breve julgamento na vara da infância e adolescência, Claudette foi considerada culpada por agressão. Recebeu multa e suspensão condicional da pena sob custódia de seus pais. Esperava-se que ela fosse inocentada e, quando o juiz anunciou o veredito, ela caiu em prantos, o que comoveu toda a sala de audiência lotada.

E. D. Nixon, um respeitado ativista pelos direitos civis, trabalhava como carregador de malas na estação de trem. Nessa época, ele havia começado a se movimentar para que a comunidade negra se revoltasse contra as prisões constantes. Quando soube da prisão de Claudette, imediatamente entrou em contato com advogados para defendê-la.

"O veredito foi uma bomba!", recorda-se Jo Ann Robinson. "Os negros estavam mais próximos de um ponto sem volta como nunca antes."[16]

E. D. Nixon e outros líderes negros queriam levar toda a questão da segregação nos ônibus para a justiça federal. Eles esperavam demonstrar que os ônibus segregados eram ilegais de acordo com a Constituição dos Estados Unidos. Porém, primeiro precisavam construir os argumentos mais fortes possíveis: a prisão de um passageiro negro acima de qualquer suspeita, uma pessoa de caráter e reputação irretocáveis que pudesse resistir a um exame minucioso. Nixon achava que Claudette Colvin era jovem e imatura demais, muito propensa a rompantes emocionais, para servir como porta-estandarte de um processo de exame de constitucionalidade longo e dispendioso. Como Nixon ressaltou, ela tinha brigado com a polícia, era oriunda da parte mais pobre da área negra de Montgomery e começara a correr o boato de que estava grávida. "Eu precisava me certificar de que havia alguém com quem eu pudesse ganhar a causa (...) para pedir às pessoas que nos dessem meio milhão de dólares para combater a discriminação numa linha de ônibus", disse Nixon posteriormente.[17]

Em outubro de 1955, vários meses após a condenação de Claudette, Mary Louise Smith, uma moça negra de dezoito anos, foi presa ao se recusar a ceder seu lugar no ônibus para uma mulher branca. "[O motorista] mandou três vezes que eu me levantasse", lembrou-se Mary Louise. "Eu me recusei. E disse: 'Não vou sair do meu lugar. Não vou a lugar algum. Tenho o privilégio de me sentar aqui como qualquer outra pessoa'."[18]

O caso Smith não gerou a mesma comoção que o caso Colvin, porque Mary Louise decidiu se declarar culpada. Ela recebeu uma multa de cinco dólares. De novo, Nixon concluiu que Mary Louise, assim como Claudette, não era a pessoa certa para inspirar uma batalha judicial contra a segregação nos ônibus.

Dois meses depois, em 1º de dezembro de 1955, outra mulher negra pegou um ônibus municipal e se sentou num banco vazio logo atrás da área dos brancos. Seu nome era Rosa Parks.

Rosa Parks, de 42 anos, trabalhava como costureira numa loja de departamentos. No dia 1º de dezembro de 1955, na volta para casa, Rosa cumpriu uma promessa que havia feito a si mesma: que se pedissem a ela, mais uma vez, que se levantasse para um branco se sentar, ela recusaria.

3

Rosa Parks

"O meu único cansaço era o cansaço de desistir."

Rosa Parks ficou especialmente interessada no caso de Claudette Colvin. Ela conhecia Claudette. E ela própria sofrera uma experiência semelhante doze anos antes. Em 1943, fora expulsa de um ônibus em Montgomery por se recusar a reentrar pela porta traseira depois de pagar a passagem. O motorista do ônibus ficou com o dinheiro, mandou que ela descesse e deu partida no ônibus, deixando-a na calçada.

Rosa trabalhava como costureira numa loja de departamentos no centro de Montgomery, "onde tínhamos que ser sorridentes e educadas, por mais que fossemos tratadas com grosseria".[19] Aos 42 anos, era uma mulher de voz suave, usava óculos sem aro e o cabelo trançado preso num coque. Era admirada na comunidade negra por ser uma voluntária dedicada, que atuara como secretária da NAACP local desde 1943 e, naquele momento, era consultora do Conselho da Juventude da organização, que contava com Claudette Colvin como um de seus membros. Rosa vinha treinando alunos do ensino médio sob sua responsabilidade para resistirem à segregação sempre que pudessem. Recentemente, tinha mandado os jovens a uma biblioteca só para brancos para pegar livros emprestados.

Rosa crescera numa fazenda humilde no Alabama, não muito longe de Montgomery. "Eu trabalhava no campo quando era bem pequena – não tinha mais do que seis ou sete anos", lembrava-se ela. "Eu e outras crianças recebíamos um saco de linho com a incumbência de colher de meio a um quilo de algodão."[20]

Contra todas as expectativas, Rosa concluiu o ensino médio. Na época, Montgomery não tinha escola pública de ensino médio para negros. A família de Rosa, apostando em seu progresso, conseguiu matriculá-la num colégio de aplicação da Alabama State College, que formava professores negros. Rosa limpava as salas de aula para ajudar a pagar as mensalidades. Depois de iniciar o segundo ano do ensino médio, ela teve que sair da escola para ajudar a cuidar de sua avó doente, mas conseguiu retornar após se casar. Rosa se formou aos vinte anos, tornando-se uma entre poucos negros que terminaram o ensino médio na cidade naquela época.

"Mas isso não me ajudou muito a arrumar um emprego", lembrou-se ela.[21] "Eu tinha um certificado de conclusão do ensino médio, mas só conseguia empregos que não exigiam ensino médio." Ela trabalhou numa fábrica de camisas, como auxiliar num hospital e em vários outros empregos braçais antes de ser admitida na loja de departamentos Montgomery Fair, onde fazia ajustes em roupas prontas.

Rosa ganhava um dinheiro extra costurando para fora. Ela fizera alguns serviços para Virginia Durr, esposa do advogado Clifford Durr, e as duas ficaram amigas. Virginia e Clifford, um casal branco, eram conhecidos em Montgomery como declarados ativistas pelos direitos civis. Eles tinham tanta consideração pelas atividades cívicas de Rosa que, durante o verão de 1955, ajudaram-na a conseguir uma estadia de uma semana na Highlander Folk School em Monteagle, no estado do Tennessee, que realizava oficinas inter-raciais sobre como promover a integração. "Foi a primeira vez na vida que vivi num clima de completa igualdade com membros de outra raça", disse Rosa posteriormente. "Gostei muito da experiência."[22]

Na noite de quinta-feira, dia 1º de dezembro de 1955, Parks terminou o expediente e andou, como sempre, até a parada de ônibus na Court Square. Luzes natalinas estavam piscando nas vitrines das lojas e as pessoas estavam correndo para casa passando embaixo de um cartaz grande que dizia "Paz na Terra aos homens de boa vontade".

Ao subir no ônibus e pagar a passagem, ela reconheceu o motorista como sendo o mesmo homem que a expulsara do ônibus doze anos antes. Encontrou um lugar vago no meio do ônibus, atrás da área exclusiva para brancos. Três outros passageiros negros embarcaram e se sentaram perto de Rosa, na mesma fileira. Logo, todos os 36 lugares do ônibus foram ocupados, com 22 passageiros negros sentados na parte traseira, e 14 passageiros brancos, na parte dianteira.

Outro passageiro branco entrou no ônibus e ficou de pé no corredor. O motorista, James P. Blake, se virou e olhou para trás. Ele pediu que a primeira fileira de passageiros negros se levantasse e se dirigisse para o fundo do ônibus. "Liberem os lugares da frente", ordenou Blake. Todos os quatro passageiros da fileira teriam que se levantar para que o homem branco não tivesse que se sentar ao lado de um negro.

Ninguém se mexeu. Blake se levantou do lugar do motorista e gritou de novo: "É melhor vocês facilitarem e liberarem os lugares".[23] Com relutância, três dos passageiros negros se levantaram e se dirigiram para a parte traseira do ônibus. Rosa Parks se virou um pouco para deixar que o homem ao seu lado se levantasse, mas não saiu do lugar. Não estava sentada na área para brancos e acreditava que não tinha que abrir mão do lugar e ficar de pé no corredor pelo resto da viagem até chegar a casa. Acabara de passar o dia todo ajustando e passando roupas para os brancos.

Depois do acontecido, houve quem dissesse que ela não desistira do lugar porque estava cansada. "Mas isso não é verdade", escreveu ela posteriormente. "Eu não estava cansada fisicamente ou mais cansada do que o normal no final de um dia de trabalho (...) Não, o meu único cansaço era o cansaço de desistir."[24] Ela tinha decidido havia muito tempo que, se lhe fosse pedido que liberasse o assento para um branco, ela se recusaria.

– Escute, mulher, já falei que quero o lugar. Você vai se levantar ou não? – perguntou o motorista.[25]

– Não vou, não – respondeu Rosa.

– Se não se levantar, vou chamar a polícia e mandar prender você.[26]

– Fique à vontade – replicou Rosa, tão baixinho que Blake não seria capaz de ouvi-la se o motor do ônibus estivesse ligado. Alguns passageiros negros, pressentindo confusão, começaram a descer do ônibus.

"Sentada naquele lugar, tentei não pensar no que poderia acontecer", escreveu Rosa, "eu sabia que tudo era possível. Eu poderia ser agredida ou espancada."[27]

Logo em seguida, dois policiais de Montgomery chegaram. Por que ela não se levantou do banco?, perguntaram eles. Ela acreditava que não era obrigada a fazer isso. "Por que vocês ficam sempre nos incomodando?", acrescentou Rosa. "Não sei", disse um dos policiais, "mas lei é lei, e você está presa."[28]

Rosa foi escoltada até uma viatura policial e levada para a cadeia municipal, onde foi fichada, fotografada e teve as impressões digitais coletadas. Como tinha direito a um telefonema, ligou para casa. Sua mãe, que estava morando com ela, atendeu o telefone. "Estou presa", contou Rosa. "Veja se Parks [o marido dela] pode vir me tirar daqui."

– Eles bateram em você? – perguntou a mãe.

– Não, não me bateram, mas estou presa.[29]

A mãe de Rosa ligou para E. D. Nixon, que foi o chefe da seção da NAACP local quando Rosa atuou como secretária. Nixon tentou fazer contato com o advogado Fred Gray, mas ele estava fora da cidade. Depois de deixar um recado para Gray, Nixon decidiu ligar ele mesmo para a cadeia. Quando perguntou ao atendente sobre as acusações contra Rosa Parks, ele respondeu que "não era da sua conta".[30]

Então, Nixon ligou para Clifford Durr, que, como advogado branco, conseguiria uma resposta civilizada do atendente. Rosa era acusada de infringir as leis segregacionistas do estado. Clifford e Virginia Durr então acompanharam Nixon até a cadeia municipal, onde pagaram fiança para Rosa e ela foi solta.

"A sra. Durr foi a primeira pessoa que eu vi ao passar pela porta gradeada com um policial de cada lado", relembra Rosa. "Ela estava com os olhos cheios de lágrimas e parecia abalada, provavelmente imaginando o que eles tinham feito comigo. Assim que me soltaram, ela me abraçou forte e me beijou como se fossemos irmãs."[31]

Mais tarde naquela noite, na casa dos Parks, Rosa, seu marido, Raymond, e sua mãe se sentaram na sala de estar com Nixon, Clifford e Virginia para discutir os detalhes do caso e o que fazer a respeito. Nixon sentia que este seria o caso-teste que estavam esperando. Rosa era a ré ideal. Trabalhara com Nixon durante anos na NAACP e ele sabia que ela era uma pessoa de excepcional dignidade e força de caráter. Ela tinha a confiança tranquila para desafiar o *establishment* branco.

Nixon perguntou a Rosa se ela gostaria de refutar as acusações feitas contra ela e tornar a sua prisão um caso-teste contra os ônibus segregados. "Sra. Parks", disse ele, "com sua permissão, podemos acabar com a segregação nos ônibus com o seu processo."[32] Rosa entendeu que aquela seria uma decisão crucial para si e sua família. Antes de concordar, quis conversar em particular com a mãe e depois com o marido.

Ambos ficaram aborrecidos de início. Raymond, barbeiro na Base da Força Aérea Maxwell, próxima dali, sabia que a violência sempre estava à espreita de negros que ousassem desafiar o sistema. "Os brancos vão matar você, Rosa", advertiu ele. "Não faça nada que vá criar problemas, Rosa. Não abra um processo. Os brancos vão matar você."[33]

Assassinatos motivados por preconceito racial não eram incomuns no Sul sob as leis Jim Crow. Antes, naquele mesmo ano, dois negros tinham sido mortos no Mississippi por tentar cadastrar eleitores afro-americanos. Naquele verão, na pequena cidade de Money, no estado do Mississippi, um garoto negro de quatorze anos chamado Emmett Till, que tinha saído de Chicago para visitar a cidade, foi sequestrado e espancado até a morte por um bando de homens da Ku Klux Klan após ter supostamente assobiado para uma mulher branca.

O corpo mutilado de Emmett, enrolado em arame farpado, foi encontrado flutuando no rio Tallahatchie. Os jornais de Montgomery tinham feito uma grande cobertura do assassinato brutal e do julgamento célere dos homens brancos acusados do crime, que foram inocentados por um júri composto apenas por brancos. Vários meses depois, os assassinos se vangloriaram para um jornalista dizendo que tinham, de fato, assassinado Emmett.

Rosa Parks não planejara resistir naquela noite de dezembro. E não queria pôr sua família em risco. Mas não estava mais querendo aceitar as indignidades da segregação nos ônibus, um sistema que desumanizava todos os negros. "Decidi que eu teria que conhecer, de uma vez por todas, todos os direitos que eu tinha como ser humano e cidadã, mesmo em Montgomery, no Alabama."[34]

Depois de conversarem, a mãe e o marido de Rosa disseram que apoiariam qualquer decisão que ela tomasse. "Se você acha que isso vai significar algo de bom para Montgomery e fazer algum bem, vou ficar feliz de ir adiante com isso", disse ela a Nixon.[35]

Ao voltar para casa, depois da prisão, tarde da noite, Rosa, seu marido e sua mãe conversaram com E. D. Nixon e o casal Virginia e Clifford Durr, amigos de Rosa. Juntos, eles discutiram as implicações de usar o processo de Rosa para contestar as leis segregacionistas na Suprema Corte. Não era uma decisão simples: Rosa e a família correriam o risco de sofrerem todo o tipo de violência de extremistas brancos.

Como era uma quinta-feira tarde da noite, Nixon e o casal Durr foram embora. O advogado Fred Gray, nesse ínterim, soube da prisão de Rosa, conversou com ela e concordou em representá-la. Então ligou para Jo Ann Robinson, que conhecia do caso Claudette Colvin, e Jo Ann, por sua vez, avisou a várias colegas professoras que participavam do Conselho Político Feminino. "Tudo estava acontecendo muito rápido", lembrou-se Gray. "O clima estava elétrico. Era o início do boicote aos ônibus de Montgomery."[36]

Por volta de meia-noite de 1º de dezembro, data em que Rosa foi presa, Jo Ann e suas amigas se encontraram em seus escritórios na Alabama State College, supostamente para corrigir provas de última hora. Na verdade, estavam reunidas para redigir uma carta de protesto, convocando a comunidade negra a organizar um boicote aos ônibus por um dia na segunda-feira seguinte, a data marcada para o julgamento de Rosa.

A maneira mais rápida de imprimir cópias da carta era em mimeógrafos na Alabama State College (máquinas de cópia de alta velocidade ainda eram coisa do futuro). Contudo, a faculdade tinha sido fundada pelo estado e as professoras eram funcionárias estaduais. Se representantes do governo ficassem sabendo que elas tinham usado instalações mantidas pelos contribuintes para confrontar leis segregacionistas, o financiamento de escolas só para negros poderia ser cortado e as professoras poderiam perder o emprego. Mas todas as mulheres juraram guardar segredo. E então elas escreveram e revisaram a carta, alterando-a várias vezes na madrugada de sexta-feira. Depois ficaram acordadas pelo restante da noite cortando estêncis e mimeografando 52.500 panfletos.

Enquanto as mulheres trabalhavam, Jo Ann ligou para a casa de Nixon para informá-lo de seus planos para um boicote. Ele também ficou ocupado a noite toda, telefonando para ministros de igrejas locais e outros líderes negros da sociedade civil, convidando-os a comparecerem à reunião na sexta-feira à noite para mobilizar apoio tanto para o boicote quanto para a defesa jurídica de Rosa Parks.

No início da manhã de sexta-feira, alguns alunos ajudaram Jo Ann a carregar os panfletos até seu carro. Ela deu aula de oito às dez horas, depois, acompanhada de dois alunos mais velhos, começou a distribuir os avisos. Outras participantes do Conselho Feminino estavam espalhadas pela cidade, fazendo a mesma coisa. Elas pararam em escolas de ensino fundamental e médio para negros, onde alunos estavam esperando para distribuir os panfletos, para que pudessem ser levados para os pais. Os panfletos também foram deixados em igrejas, lojas, tabernas, salões de beleza, barbearias e em outros locais disponíveis. No momento em que os ministros e os líderes negros da sociedade civil se aprontavam para se encontrar na sexta-feira à noite, milhares de avisos anônimos já tinham circulado nos bairros negros de Montgomery. Nos panfletos, estava escrito:

> Outra mulher negra foi presa e jogada na cadeia porque se recusou a ceder seu lugar no ônibus para um branco se sentar (...) Se não fizermos nada para parar com essas detenções, elas continuarão. Na próxima vez, pode ser você, sua filha ou sua mãe. O processo da mulher será julgado na segunda-feira. Estamos, então, pedindo que nenhum negro pegue ônibus na segunda-feira em protesto pela prisão e pelo julgamento.

O panfleto encorajava a comunidade negra: "Não pegue ônibus para ir para o trabalho, para a escola ou qualquer outro lugar na segunda-feira".[37]

No dia 5 de dezembro de 1955, Martin Luther King Jr. e sua esposa, Coretta, estavam tomando café da manhã quando perceberam, pela janela de casa, que os ônibus da cidade estavam passando vazios. Todos tinham dúvidas se a comunidade iria aderir ao boicote. Foi uma grata surpresa.

4

Martin Luther King Jr.

"Não quero que ninguém me chame de covarde."

O reverendo Martin Luther King Jr. e sua esposa, Coretta, se levantaram antes do amanhecer na segunda-feira, 5 de dezembro de 1955. Coretta se sentou à janela da sala de estar, observando o primeiro ônibus chegar ao ponto, logo descendo a rua. Esse ônibus estava sempre cheio de empregadas negras indo para o trabalho.

O aviso do boicote havia se espalhado pela cidade durante todo o fim de semana. Na reunião de sexta-feira à noite, os ministros negros de Montgomery tinham redigido seu próprio panfleto: "Não pegue ônibus para ir ao trabalho, ao centro da cidade, à escola ou a qualquer lugar na segunda-feira, dia 5 de dezembro. Se você for trabalhar, pegue um táxi, uma carona ou caminhe".[38] E, no domingo, em todas as igrejas de negros na cidade, os pregadores convocaram suas congregações a apoiar o protesto.

Ninguém sabia se o boicote aconteceria de fato. Os cidadãos negros de Montgomery se uniriam e ficariam fora dos ônibus naquela manhã gelada e nublada de dezembro? Ou ficariam intimidados por temor da retaliação dos brancos?

No ponto de ônibus da Court Square, uma parada bem movimentada no centro da cidade, alguém havia pregado um cartaz num pedaço de papelão que dizia: PESSOAL, NÃO PEGUE ÔNIBUS HOJE. ISSO É EM PROL DA LIBERDADE.[39]

"Eu estava na cozinha, tomando café, quando ouvi Coretta chorando e dizendo 'Martin, Martin, venha aqui rápido!'", escreveu King posteriormente. "Ao me aproximar da janela da frente, Coretta estava muito alegre apontando para um ônibus que passava: 'Querido, está vazio!'. Não conseguia acreditar no que estava vendo. Eu sabia que a linha South Jackson, que passava na frente da nossa casa, transportava mais passageiros negros do que qualquer outra em Montgomery."[40]

Outro ônibus vazio surgiu, e depois mais outro. Muito animado, King pulou no carro e dirigiu pela cidade durante a hora seguinte, observando todos os ônibus que passavam. "Naquele momento, eu não cabia mais em mim de tanto contentamento", escreveu ele.[41] Já havia ficado claro que o boicote seria um sucesso.

King tinha 26 anos e era um recém-chegado a Montgomery. Ele se mudara com Coretta um ano antes para assumir seu primeiro emprego como ministro, na histórica igreja batista da Dexter Avenue, localizada no centro da cidade em frente ao capitólio estadual. Ele vinha de uma família negra e sulista de eminentes pregadores e ativistas pelos direitos civis. Martin Luther King pai (com frequência chamado de "Daddy King") era pastor na enorme igreja batista Ebenezer, em Atlanta, fundada em 1894 pelo avô materno de Martin Jr., A. D. Williams.

Primeiro membro da família a ter formação acadêmica fora do Sul, Martin Jr. fez doutorado em teologia na Universidade de Boston, onde tinha reputação de grande dançarino e jovem divertido. Conheceu Coretta Scott, moça do Alabama, mas educada no Norte, cantora que recebera uma formação clássica, num encontro arranjado e logo depois a pediu em casamento. King representava uma nova geração de líderes afro-americanos – jovens muito cultos que se destacariam pelo ministério da igreja numa época em que havia poucos advogados negros e em que as oportunidades políticas nos governos municipais e estaduais eram inalcançáveis para negros no Sul.

Naquela manhã, os ônibus municipais seguiram sua rota normal transportando apenas alguns passageiros brancos. Escoltando muitos dos ônibus quase vazios, estavam pares de policiais de motocicleta e capacete branco, que tinham recebido a missão de "proteger os passageiros negros".[42] O comissário de polícia Clyde Sellers afirmara que "pelotões de brutamontes negros" pretendiam ameaçar os negros que quisessem pegar ônibus. Porém, quem participava do boicote não soube de nada desses supostos "pelotões de brutamontes" e o tiro saiu pela culatra no plano de Sellers.[43] "Se houvesse alguma alma tímida querendo pegar ônibus apesar do boicote, agora mesmo é que ficaria, de fato, apavorada", escreveu Jo Ann Robinson. Quando esses "poucos covardes" viram a polícia fortemente armada montando guarda nas paradas de ônibus, nem pensaram em participar dessa cena.[44]

A cada esquina na área do centro da cidade, negros esperavam táxis. E. D. Nixon telefonara para cada uma das dezoito empresas de táxi de proprietários negros pedindo ajuda. As empresas tinham concordado em transportar passageiros por dez centavos cada um, o mesmo valor da passagem de ônibus, em vez de cobrarem a tarifa mínima de 45 centavos por uma viagem de táxi. Todos os táxis ficaram lotados de gente indo para o trabalho. Multidões saíram andando pelas ruas até chegar ao trabalho, aglomeradas para enfrentar o frio, carregando suas marmitas. Alguns dos manifestantes andaram mais de trinta quilômetros na ida e na volta do trabalho.

"Os poucos negros que pegaram ônibus", relatou um historiador negro local, "tiveram dificuldade para descer sem se sentirem envergonhados diante da aglomeração de outros negros que esperavam [táxis] nos pontos de ônibus por toda a cidade. Alguns foram vistos se abaixando nos corredores enquanto os ônibus passavam por vários pontos."[45]

Várias centenas de pessoas cumprimentaram Rosa Parks quando ela chegou para a audiência judicial na manhã de segunda-feira. "O julgamento levou apenas dez minutos!", escreveu Fred Gray, advogado de Rosa. "A sala de audiências era segregada, é claro. Atravessei o corredor, brancos de um lado, negros do outro."[46]

Considerada culpada por infringir as leis segregacionistas, Rosa recebeu suspensão condicional da pena e foi multada em dez dólares com o adicional de quatro dólares para pagar custas judiciais – equivalente a 140 passagens de ônibus. Após a condenação, o advogado, Gray, entrou com recurso – o primeiro passo no plano para desafiar a segregação nos ônibus na justiça federal.

Logo depois, Rosa perdeu o emprego na loja de departamentos Montgomery Fair. "Eles nunca disseram que a despediram por causa do que ela tinha feito", relembrou Virginia Durr. "Que desculpa eles deram, eu não sei, mas, de qualquer forma, eles a despediram."[47]

Na segunda-feira à tarde, depois do julgamento de Rosa, líderes negros de Montgomery se encontraram para se preparar para a grande manifestação de protesto marcada para aquela noite. Ficaria decidido então se estenderiam o boicote aos ônibus para além daquele primeiro dia. Quando alguns dos pregadores presentes entraram em pânico diante da ideia de desafiar o poderoso *establishment* branco de Montgomery, E. D. Nixon os enfrentou. "Cavalheiros, vou lhes dizer uma coisa", começou ele. "Vocês, ministros, viveram à custa do suor dessas lavadeiras nos últimos cem anos e nunca fizeram nada por elas. Vocês me envergonham." Ele os repreendeu por agirem como covardes, por retrocederem feito "garotinhos". "Usamos aventais a

No fim do dia 5 de dezembro, milhares de pessoas se reuniram para celebrar e votar pela continuidade, ou não, do boicote. Martin Luther King Jr. proferiu seu primeiro discurso como líder da recém-criada Associação para o Avanço de Montgomery, o que deu início à sua carreira como líder do movimento de direitos civis nos Estados Unidos.

vida toda", continuou ele. "Está na hora de tirar os aventais (...) Se é para ser homem, chegou a hora de ser homem."

King chegou à reunião enquanto Nixon estava falando e foi o primeiro a replicar. "Irmão Nixon, eu não sou covarde", disse ele. "Não quero que ninguém me chame de covarde."[48]

Depois disso, a reunião se acalmou. Para ajudar a planejar o boicote, os ministros concordaram em criar uma nova organização, a Associação para o Avanço de Montgomery (MIA, na sigla em inglês). Após discutir o assunto, eles elegeram King, o recém-chegado, como presidente do grupo.

Até aquele momento, King não tinha desempenhado um papel importante nas questões da comunidade. Ele queria se concentrar em conhecer os frequentadores de sua primeira igreja e em fazer um bom trabalho. Pouco tempo antes, tinha recusado um convite para dirigir a NAACP local e não esperava chegar à presidência da nova organização. "A eleição me pegou desprevenido", escreveu ele. "Tudo aconteceu tão rápido que nem tive tempo de pensar em todos os detalhes. É provável que, se tivesse, eu teria declinado a nomeação."[49]

King era a escolha unânime para chefiar a MIA. Ele tinha se declarado fortemente a favor do boicote. E tinha demonstrado em seus sermões que era um orador poderoso. Como não fazia muito tempo que ele estava na cidade e não era muito conhecido para além da própria igreja, não devia nada à liderança negra local ou a seu *establishment* branco.

"O reverendo King era um jovem, um jovem muito inteligente", relembra E. D. Nixon. "Ele não estava em Montgomery há tempo o suficiente para os patronos da cidade botarem as mãos nele. Normalmente eles encontravam um jovem recém-chegado à cidade (...) batiam no ombro dele e lhe diziam que bela igreja ele havia conseguido. [Eles diriam:] 'Reverendo, o seu terno não serve para representar a igreja batista tal e tal' (...) e aí eles compravam um terno novo (...) Era preciso ficar atento a esse tipo de coisa."[50]

Quando a reunião se encerrou, King correu para casa para preparar um discurso para a manifestação daquela noite. Seria a sua primeira aparição como líder de protestos recém-eleito, e a primeira vez que a maioria das pessoas na plateia o ouviria discursar.

King queria protestar contra as injustiças e desumanidades sendo infligidas aos negros. Como ministro do evangelho, também queria expressar uma visão da caridade cristã, que lhe permitia amar o próximo. King estudara os ensinamentos de Mahatma Gandhi e se sentia inspirado pelo uso bem-sucedido de resistência não violenta do líder indiano. Gandhi unira o povo da Índia contra o regime colonial da Inglaterra ao defender a não violência e a resistência passiva – ou seja, *se recusar a colaborar com um sistema injusto*. "Eu já tinha percebido antes que a doutrina do amor cristão operando por meio do método gandhiano de não violência era uma das armas mais potentes disponíveis para o negro em sua luta pela liberdade", escreveria King mais tarde.[51] Esses eram os pensamentos que o guiavam quando esboçou rapidamente o seu discurso em linhas gerais.

Um amigo levou King de carro até a igreja batista da Holt Street, onde a manifestação estava se organizando. Eles tiveram que estacionar a três quarteirões do lugar e saíram abrindo caminho pela multidão. "O interior da igreja comportava quatro ou cinco mil pessoas", relembrou Jo Ann, "mas havia milhares de pessoas do lado de fora da igreja naquela noite. Foi preciso instalar alto-falantes para que todos soubessem o que estava acontecendo."[52]

Joe Azbell, um repórter do jornal *Montgomery Advertiser*, também se dirigiu à Holt Street, onde tinha a incumbência de cobrir a manifestação. "A igreja batista da Holt Street era provavelmente a aglomeração mais animada e empolgada que eu já vira", relembrou ele. "Fui descendo a rua, sem acreditar que houvesse tantos carros. Estacionei a muitos quarteirões da igreja, onde finalmente achei uma vaga. Saí andando a pé até a igreja e eles foram abrindo caminho para mim porque eu era a primeira pessoa branca ali (...) Cheguei dois minutos atrasado e eles [já] tinham começado a pregação, e a plateia estava (...) muito agitada (...) O pregador levantou-se e disse: 'Vocês querem liberdade?' e eles responderam, 'Sim, queremos liberdade!' (...) Eu nunca tinha ouvido palavras de ordem como aquelas (...) Eles estavam ávidos por liberdade. Havia um clima que ninguém mais conseguiria reproduzir (...) Foi de uma potência indescritível."

"Depois, King se levantou e a maioria das pessoas nem sabia quem ele era. E, ainda assim, se mostrou um orador de primeira."[53]

O discurso que King estava prestes a proferir se comprovaria, lembrou-se ele, "o mais decisivo da minha vida", lançando sua carreira como líder do movimento de direitos civis da nação. Porém ele tivera pouco tempo para prepará-lo e tinha sido "tomado pelo medo (...) por um sentimento de inadequação".[54] Ao subir no púlpito naquela noite, sem manuscrito ou anotações, ele olhou para a igreja apinhada de manifestantes. As pessoas ocupavam todos os espaços, espremidas lado a lado nos corredores e espiavam lá dentro pelas janelas. Eles tinham se reunido como cidadãos americanos, começou King, "determinados a fazer valer sua cidadania na plenitude de seus meios".[55]

King falou com uma voz grave e retumbante, suas palavras fluíam ritmadas e pulsantes e, a cada vez que fazia uma pausa, a plateia murmurava "Sim" e "Amém". "Mas chega um momento", falou ele, num tom mais alto, "chega um momento em que as pessoas ficam cansadas. Estamos aqui reunidos nesta noite para dizer àqueles que vêm nos tratando mal por tanto tempo que estamos cansados –

cansados de sermos segregados e humilhados; cansados de sermos chutados pelo pé brutal da opressão."[56]

Com isso, os murmúrios de aprovação irromperam num estrondo explosivo de gritos e aplausos, de pés batendo no chão de madeira, sacudindo as paredes da igreja.

"Agora preciso dizer que não estamos aqui defendendo a violência", continuou King. "Já superamos isso (...) A única arma que temos em nossas mãos nesta noite é a arma do protesto."[57] Eles evitariam a violência, disse ele, para se diferenciarem da Ku Klux Klan e dos Conselhos de Cidadãos Brancos. "Em nosso protesto, não haverá queima de cruzes. Nenhum branco será retirado de casa e brutalmente assassinado por uma turba de negros encapuzados. Não haverá ameaças nem intimidação."[58]

"Não estamos errados no que estamos fazendo", disse King. "Se estivermos errados, a Suprema Corte desta nação estará errada. Se estivermos errados, Deus Todo-Poderoso estará errado (...) Se estivermos errados, a justiça será uma mentira. E estamos determinados, aqui em Montgomery, a trabalhar e a lutar até que a justiça flua feito água e a retidão, feito um rio caudaloso!"[59]

"Se você protestar com coragem", concluiu King, "e também com dignidade e amor cristão, quando os livros de história forem escritos nas gerações futuras, os historiadores terão que dizer: 'Lá viveu um grande povo – o povo negro – que imprimiu um novo significado e dignidade nas veias da civilização'. Este é o nosso desafio e a nossa esmagadora responsabilidade."[60]

Depois do discurso de King, Rosa Parks foi apresentada à multidão. Em seguida, o reverendo Ralph Abernathy pediu que todos votassem se o boicote deveria continuar. "Todos que forem a favor da moção, fiquem de pé", disse ele.[61] Por toda a igreja, as pessoas começaram a se levantar até que não faltasse mais nenhuma. Então os aplausos e vivas recomeçaram.

Essa demonstração massiva de orgulho negro pegou os líderes brancos da cidade de surpresa. O prefeito W. A. Gayle não pareceu perceber que um acontecimento histórico estava ocorrendo. "É só esperar o primeiro dia de chuva", disse ele a um amigo, "e os negros voltarão aos ônibus".[62]

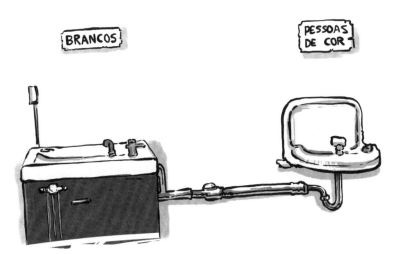

Para que o boicote pudesse funcionar, a MIA montou um esquema de transporte compartilhado. Mais de trezentas pessoas negras cadastraram seus carros para transportar, diariamente, manifestantes que dependiam dos ônibus em seus deslocamentos de rotina.

5

Heróis do boicote

"Meu pé tá cansado, mas minha alma tá forte."

O boicote estava ainda em sua primeira semana quando o comissário de polícia Clyde Sellers ameaçou prender todos os motoristas de táxi que cobrassem menos do que a tarifa mínima de 45 centavos. Isso significava que o assim chamado "exército de táxis" com sua tarifa emergencial de dez centavos não estaria mais disponível.

Dr. King telefonou para o reverendo T. J. Jemison, que liderara um boicote aos ônibus em Baton Rouge, no estado da Louisiana, dois anos antes. Esse boicote havia durado apenas uma semana, mas resultara num acordo que permitia que passageiros de ônibus negros se sentassem onde encontrassem bancos vazios, num esquema de "pega o lugar quem chega primeiro". Os negros ainda assim teriam seu lugar reservado no fundo dos ônibus, enquanto os brancos ficariam na parte dianteira. A segregação estaria preservada, mas, uma vez sentados, ninguém teria que se levantar do assento para dar lugar a outra pessoa. Apesar de ser uma vitória pequena, o boicote de Baton Rouge marcou uma das primeiras vezes em que uma comunidade negra inteira tinha se organizado e vencido numa ação direta e continuada contra as leis segregacionistas.

As lições aprendidas na Louisiana seriam postas em prática a cerca de seiscentos quilômetros de distância, em Montgomery. Para ajudar a transportar negros em seus deslocamentos diários no boicote de Baton Rouge, Jemison havia organizado um enorme esquema de transporte compartilhado. King queria saber exatamente como esse esquema tinha funcionado. Ele encheu Jemison de perguntas para saber tudo nos mínimos detalhes. Naquela mesma noite, numa reunião pública em Montgomery, King disse à multidão que eles poderiam fazer o mesmo. Eles convocaram donos de carros para que pusessem seus carros à disposição. E insistiu para que quem tivesse carteira de motorista se voluntariasse para dirigir.

Na comunidade negra, onde relativamente poucas pessoas tinham condições de ter um carro, um automóvel era valorizado como símbolo de status. Os carros emprestados para o boicote seriam muito usados, talvez dirigidos por estranhos. Colocar à disposição um automóvel precioso para seu dono como transporte público exigia um comprometimento inabalável com o sucesso do boicote.

King anunciou que os ministros negros da cidade estariam dispostos a dirigir seus próprios carros. Depois de uma pausa, pessoas na plateia começaram a levantar a mão. Jo Ann Robinson se voluntariou para dirigir seu carro, o mesmo usado para entregar panfletos anunciando o boicote. A sra. A. W. West se levantou e ofereceu seu Cadillac verde. Mais mãos se ergueram. Naquela primeira noite, mais de 150 pessoas se cadastraram para emprestar seus carros para o boicote.

Para ser eficaz, o esquema de transporte compartilhado tinha que ser planejado e executado tão precisamente quanto uma campanha militar. Era necessária uma rede complexa de pontos de carona, juntamente com um sistema de comunicação que conectaria os necessitados de transporte com os ofertantes de carona. A MIA criou uma Comissão de Transportes chefiada por Rufus Lewis, um empresário de sucesso, ex-treinador de futebol americano na Alabama State College e pioneiro no cadastramento de eleitores. Lewis recrutou alguns carteiros negros que conheciam bem o traçado das ruas da cidade e, juntos, desenvolveram um sistema interligado de 48 pontos de descida e 42 pontos de subida na carona.

Durante as semanas seguintes, as pessoas continuaram a oferecer seus carros ou a se voluntariar como motoristas. Por fim, de 275 a 300 veículos de propriedade de negros estavam transportando milhares de participantes do boicote todos os dias. Mais outros milhares de pessoas estavam indo a pé para o trabalho, para a escola, para fazer compras ou aonde mais precisassem ir. Muitos dos manifestantes eram trabalhadores domésticos ou diaristas de patrões brancos, normalmente os únicos empregos disponíveis para eles. Apesar das tempestades, manhãs geladas de inverno, problemas mecânicos e confusões de horário, eles conseguiam ir de casa para o trabalho e depois de volta para casa com a ajuda do esquema de transporte compartilhado ou a pé.

Para estimular o engajamento e deixar os manifestantes bem informados, reuniões públicas eram realizadas todas as segundas e quintas-feiras à noite em igrejas afro-americanas espalhadas pela cidade, para que as pessoas não tivessem que andar muito. Essas reuniões se tornaram eventos populares na comunidade, geralmente frequentadas por dois mil manifestantes ou mais. As pessoas começavam a chegar às 15 ou 16 horas da tarde, trazendo o jantar, para que pudessem garantir bons lugares para quando as reuniões começassem, às 19 horas da noite.

A cada reunião, os oradores destacavam alguns caminhantes e os elogiavam como heróis do boicote. Um ministro contou à multidão o caso de uma mulher idosa que jurou que, se seus pés não aguentassem, ela engatinharia para não ter que pegar um ônibus. Outro pregador descreveu um grupo de mulheres que vira caminhando para o trabalho numa manhã. Elas demonstravam tal orgulho e dignidade, disse ele, que não "ficavam devendo nada a nenhuma rainha".[63]

Movidas pelo calor do momento, as pessoas se levantavam de seus lugares, abriam caminho até a frente da igreja e ofereciam um testemunho pessoal de seu apoio à causa. Uma mulher idosa, conhecida por todos como Mother Pollard, tinha recusado uma carona no carro de um ministro. Quando ele sugeriu, educadamente, que ela furasse o boicote por causa da idade, ela disse que preferia caminhar. Ela poderia caminhar junto com os melhores dentre eles, insistiu ela. "Meu pé tá cansado, mas minha alma tá forte", anunciou Mother Pollard com uma gramática estropiada, mas com memorável eloquência – uma observação espontânea que as pessoas adoravam repetir. Passada no boca a boca, a frase se tornou um bordão do movimento de protesto.[64]

Passageiros do esquema de transporte compartilhado não poderiam pagar diretamente por suas viagens – o que infringiria os regulamentos municipais de táxis – mas poderiam fazer contribuições para a MIA, e assim o fizeram. "Esse movimento foi realizado apenas por pessoas negras comuns, algumas delas ganhando somente cinco dólares por semana", relembrou o repórter Joe Azbell. "Mas dispostas a dar um dólar desse pagamento para apoiar o boicote."[65]

Conforme as notícias do boicote se espalharam, o dinheiro começou a fluir de fontes externas. O protesto estava se tornando uma grande notícia nos jornais por todo o país e nos noticiários de televisão, e quanto mais o boicote durava, mais importante a notícia se tornava. A NAACP organizou eventos para levantar fundos, e simpatizantes tanto do Norte quanto do Sul enviaram contribuições para apoiar a rede de transporte da Associação para o Avanço de

Montgomery. Por fim, a MIA conseguiu comprar mais trinta carros próprios, principalmente caminhonetes. Várias igrejas tinham seus nomes pintados nas laterais de muitos desses carros, que ficaram conhecidos como "igrejas sobre rodas".

Conforme o boicote continuou, líderes negros se encontraram com representantes oficiais brancos em várias tentativas para chegar a um acordo. Os manifestantes não estavam pedindo o fim dos assentos segregados nos ônibus. "Essa era uma questão para o legislativo e o judiciário", disse King. "Achamos que temos um plano dentro das leis [vigentes]."[66] Eles tinham três demandas:

1. Tratamento educado nos ônibus.
2. Contratação de motoristas negros para trajetos que atendiam a bairros negros.
3. Esquema de prioridade por ordem de chegada, negros na parte traseira do ônibus e brancos na parte dianteira, até que todos os lugares fossem ocupados. Com essa combinação, os negros não teriam mais que ceder seu lugar para brancos ou ficar de pé diante de lugares vazios.

"Com certeza queremos garantir a polidez", disse o advogado da empresa de ônibus, Jack Crenshaw, mas ele insistia que a maioria dos motoristas era, de fato, bem-educada. Ele rejeitou a demanda por motoristas negros, argumentando que os negros não tinham o direito de dizer à empresa quem deveria contratar. "Não temos nenhuma intenção, nem agora nem num futuro próximo, de contratar 'gente de cor'", disse Crenshaw.

Quanto à demanda principal – a questão da distribuição de assentos nos ônibus –, Crenshaw argumentava que o plano dos manifestantes seria ilegal de acordo com as leis segregacionistas do momento.

"Se fosse legal, eu seria o primeiro a concordar, mas é ilegal, simples assim", disse ele.[67]

Fred Gray, advogado da delegação negra, discordava. Ele sinalizou que o esquema de prioridade por ordem de chegada já estava em prática em algumas outras cidades sulistas. As solicitações dos manifestantes "não foram projetadas para integrar os ônibus", enfatizou Gray. "Mas pretendiam reformas bem razoáveis. As autoridades municipais poderiam ter atendido às nossas demandas, mas simplesmente se recusaram."[68]

O advogado Crenshaw não cederia. "Se atendermos às demandas dos negros", disse, por fim, "eles ficariam alardeando uma vitória na batalha contra os brancos, e isso não vamos defender."[69]

"Saí da reunião abatido", escreveu King posteriormente. "Achando que nossas demandas eram moderadas, eu pressupus que eles nos atenderiam sem muito questionamento. Essa experiência, contudo, me ensinou uma lição (...) Vi que os objetivos subjacentes da segregação eram oprimir e explorar os segregados, e não simplesmente mantê-los à parte. Mesmo quando pedíamos justiça *dentro dos limites* das leis segregacionistas, os 'poderes constituídos' não estavam dispostos a concedê-la. Percebi que a justiça e a igualdade nunca viriam enquanto a segregação continuasse, porque o objetivo básico da segregação era perpetuar a injustiça e a desigualdade."[70]

No mês seguinte, a empresa de ônibus avisou que estava perdendo dinheiro e pediu permissão para dobrar a tarifa, de dez para vinte centavos. Foi concedido um aumento de cinco por cento. Os passageiros brancos não chegavam nem perto de compensar a perda de passageiros negros. O prefeito pediu aos brancos para andarem de ônibus. O mesmo fez o Conselho de Cidadãos Brancos, uma organização de empresários e políticos proeminentes, dedicada a manter a segregação racial. Mas a maioria dos brancos andava de carro e nem cogitava subir num ônibus público.

Mother Pollard recusava caronas. Quando um ministro disse a ela que poderia furar o boicote por causa da idade, ela respondeu que preferia "caminhar junto com os melhores dentre eles".

Um pequeno número de brancos na cidade apoiava abertamente o boicote. "Nosso slogan 'dê uma carona' gerou uma reação maravilhosa", relatou Jo Ann Robinson. "Brancos solidários, tanto homens quanto mulheres, paravam e davam carona a pedestres. Jovens motoristas brancos paravam e permitiam que os pedestres se espremessem dentro dos carros."[71]

O reverendo Robert Graetz, pastor branco da igreja luterana da Trindade, uma igreja de negros, tinha anunciado do púlpito que ele e sua família respeitariam o boicote e encorajou que todos em sua congregação fizessem o mesmo. Junto com outros tantos liberais brancos, Graetz era membro do Conselho de Relações Humanas de Montgomery. Inicialmente, os segregacionistas desconfiaram que o próprio Graetz fora o organizador do boicote.

Juliette Morgan, uma bibliotecária branca e também membro do Conselho de Relações Humanas, escreveu uma matéria para o jornal *Montgomery Advertiser*, comparando o boicote aos ônibus à luta de Mahatma Gandhi contra o regime britânico na Índia. "É difícil imaginar uma alma tão morta, um coração tão endurecido, uma visão tão limitada e provinciana, que não ficasse comovido pela admiração da dignidade silenciosa, a disciplina e a dedicação com que os negros tinham conduzido o boicote", escreveu Juliette.[72] "É possível sentir a história sendo feita em Montgomery nesses dias."[73] Depois que a matéria foi publicada, jogaram pedras nas janelas de sua casa, ela recebeu ameaças pelo telefone e foi insultada na rua.

As autoridades de Montgomery não tinham certeza de como deveriam lidar com a exibição unificada da comunidade negra de resistência não violenta à segregação. Os segregacionistas estavam exigindo que as autoridades municipais endurecessem. "Espero que os negros caminhem até que criem joanetes e bolhas nos pés", disse um homem ao repórter Joe Azbell.[74]

Como o boicote continuou até o Natal e perdurou até o Ano-
-Novo de 1956, o prefeito Gayle e seus colegas vereadores fizeram
uma demonstração dramática ao aderirem ao Conselho de Cidadãos
Brancos. E atacaram King pessoalmente, chamando-o de forastei-
ro criador de caso que nunca tinha pisado num ônibus municipal
em Montgomery.

Com o sucesso do boicote, as autoridades brancas, contrariadas, buscaram formas de dificultar o dia a dia dos manifestantes. O comissário de polícia Clyde Sellers mandou que os policiais da cidade reprimissem os motoristas do sistema de caronas com intimidações, multas e prisões.

6

Orgulho de ser preso

"Digo então, vamos todos para a cadeia!"

As tensões foram se acirrando em Montgomery. Em janeiro, a empresa de ônibus anunciou que estava à beira da falência. Os estabelecimentos comerciais do centro da cidade, por falta de clientes, também estavam sofrendo graves prejuízos. Telegramas, telefonemas e cartas inundavam a Prefeitura, exigindo que o prefeito pusesse um fim ao boicote e defendesse a posição contra a integração.

O prefeito Gayle gozava de uma reputação favorável na comunidade negra, "uma pessoa muito agradável", segundo Jo Ann Robinson, "muito simpático, fácil de ser abordado e sincero ao trabalhar conosco".[75] Porém, naquele momento, estava sob fogo cruzado. Ao enfrentar uma pressão crescente dos segregacionistas linhas-duras, ele anunciou que não iria mais negociar.

"Parece haver uma crença, por parte dos negros, de que puseram os brancos contra a parede", disse o prefeito, "e que não cederão nem um centímetro até que possam forçar a comunidade branca a aceitar suas demandas – na verdade, empurrá-las goela abaixo (...) Não vamos mais ficar em cima do muro. Estou assumindo uma posição, assim como as outras autoridades municipais."[76]

O prefeito ficou aborrecido porque muitas mulheres brancas estavam trazendo suas faxineiras e cozinheiras negras de carro para o trabalho todos os dias. Ele suplicou aos empregadores brancos que não apoiassem o boicote dessa forma, mas, em sua maioria, seus pedidos foram ignorados. "Se o prefeito quiser vir lavar e passar minhas roupas, tomar conta dos meus filhos, limpar a casa e cozinhar, ele pode vir", disse uma mulher. "Mas não vou dispensar a minha empregada."[77]

As autoridades municipais estavam convencidas de que a maioria dos negros queria pegar ônibus, mas estava sendo induzida e manipulada pelos líderes do boicote, "um grupo de radicais negros", como o prefeito os chamava.[78] Ele apontava King como o líder principal. As autoridades acreditavam que a forma de acabar com o boicote era assustando ou desacreditando King e outros líderes negros.

O comissário de polícia Sellers ordenou que seus homens reprimissem os motoristas do transporte compartilhado. Os policiais começaram a parar os carros e a fazer perguntas sobre carteira de motorista, seguro do carro e local de trabalho a quem estivesse dirigindo. Passaram a verificar os faróis dianteiros e traseiros e limpadores de para-brisa, e multavam por infrações de menor importância ou às vezes até mesmo imaginárias. Pessoas que nunca tinham recebido uma advertência eram multadas e, às vezes, levadas para a cadeia. Jo Ann Robinson, fanática por cumprir regras de trânsito, recebeu dezessete multas num período de dois meses, algumas por excesso de velocidade, outras por dirigir muito devagar. A polícia também assediava os manifestantes que ficavam esperando para pegar carona nos pontos de ônibus. Eles eram advertidos de que existia uma lei contra caronas: para alguns, foi dito que seriam presos por vagabundagem se não saíssem dali.

No dia 26 de janeiro de 1956, o próprio King foi parado por dois policiais de motocicleta ao transportar três manifestantes que tinha pegado num ponto de carona. "Saia, King", ordenou um dos policiais. "Você está preso por dirigir a cinquenta quilômetros por hora, quando o limite de velocidade aqui é quarenta." King não tentou discutir. Ao descer do carro, foi revistado. Depois, foi posto no banco traseiro de uma viatura policial e levado para a cadeia municipal, onde foi fichado, teve as impressões digitais coletadas e foi levado para uma cela superlotada. "Entre aí e fique com os outros", disse o carcereiro.[79]

Entre os prisioneiros – bêbados, vagabundos e ladrões –, ele reconheceu duas pessoas, uma delas era professora de escola, que também tinha sido presa por ser motorista de transporte compartilhado. "Pela primeira vez na vida", lembrou ele, "eu tinha sido jogado atrás das grades."[80]

Quando o boato da prisão de King se espalhou, seus apoiadores começaram a se reunir diante da cadeia municipal. A polícia pretendia fazê-lo pernoitar, mas, conforme a multidão de negros fora da cadeia foi crescendo e ficando mais barulhenta, King foi abruptamente retirado da cela, liberado sem fiança e empurrado para fora da cadeia, onde foi saudado por um grupo exultante de amigos e simpatizantes. Naquela noite, reuniões públicas foram realizadas em várias igrejas de negros para protestar contra sua detenção.

Na casa de King, nesse ínterim, ele vinha recebendo cartas e telefonemas com ameaças. Cartões-postais assinados com "KKK" (Ku Klux Klan) advertiam-no a "cair fora da cidade, se não...".[81] Muitas vezes, o telefone tocava e, quando King ou Coretta atendiam, o autor da chamada do outro lado da linha simplesmente desligava. Outros gritavam insultos e obscenidades a qualquer pessoa que atendesse o telefone. "Ouça bem, preto", advertiu um deles, "tiramos tudo que

68 Caminhando pela liberdade

queríamos de você. Até a próxima semana, você vai ter se arrependido de ter vindo para Montgomery."[82]

De início, King recebeu as ameaças por telefone e cartas com tranquilidade, ignorando-as como sendo obra de alguns poucos esquentados. Porém, conforme as semanas foram passando, ele começou a perceber "que muitas das ameaças eram a sério. Logo comecei a fraquejar e a ficar cada vez mais assustado. Um dia, um amigo branco me contou que ele ouvira de fontes confiáveis que estavam planejando me matar. Pela primeira vez, me dei conta de que algo poderia me acontecer".[83]

Como King escreveu posteriormente, ele conseguiu superar seus medos e encontrar coragem para continuar ao se sentar, preocupado e exausto, à mesa da cozinha numa manhã, com a xícara de café intocada na sua frente. "Com a cabeça entre as mãos, me curvei sobre a mesa e rezei alto (...) Quase que de imediato meus medos começaram a se dissolver. Minha incerteza desapareceu. Eu estava pronto para enfrentar qualquer coisa."[84]

Três noites depois, no dia 31 de janeiro, King estava discursando numa grande reunião quando foi chamado à parte e lhe disseram que tinham lançado uma bomba caseira na janela de sua casa. Ele saiu correndo. Uma multidão de homens, mulheres e crianças negras enraivecida, alguns deles empunhando armas, facas ou garrafas de refrigerante quebradas, estavam em volta da casa. A polícia gritava para dispersá-los. O ar cheirava a dinamite. Cacos de vidro se espalhavam pela entrada da casa. No interior, as salas de estar e jantar estavam lotadas de membros da congregação de King e alguns novos visitantes: o prefeito Gayle, o comissário de polícia Sellers, o chefe dos bombeiros e vários repórteres brancos.

King passou rápido por eles, entrou no quarto e abraçou a esposa. Coretta e a filha deles de dez semanas de idade, Yoki, estavam

Martin Luther King Jr. estava recebendo ameaças por cartas e telefonemas. Um dia, essas ameaças se concretizaram: haviam jogado uma bomba caseira na janela de sua casa. Quando a notícia se espalhou, uma multidão enraivecida se reuniu na sua rua. Porém, assim que chegou ao local, King conversou com o comissário de polícia Sellers e o prefeito Gayle e pediu a todos que se acalmassem e fossem para casa.

na parte de trás da casa com uma amiga quando a bomba foi jogada. Ninguém saiu ferido.

Tranquilizado de que sua família estava a salvo, King voltou para a sala de jantar para falar com o prefeito e o comissário de polícia. Ambos condenaram o atentado a bomba e prometeram fazer de tudo para pegar os responsáveis. E lamentaram que "esse infeliz incidente tenha acontecido na nossa cidade".[85]

Então um patrono da igreja de King se manifestou. Era C. T. Smiley, diretor da escola exclusiva para negros Booker T. Washington High School. Seu sustento dependia da boa vontade das autoridades municipais, mas, mesmo assim, ele se virou para o comissário de polícia e disse: "Lamentar é bom, sr. Sellers, mas o senhor precisa enfrentar o fato de que suas declarações públicas criaram o clima para esse atentado. Isso é resultado de sua política de endurecimento".[86] Nem o prefeito, nem o chefe de polícia responderam.

King foi até a varanda da frente, levantou a mão pedindo silêncio e apelou a todos que fossem para casa pacificamente. "Não vamos entrar em pânico", disse ele. "Se vocês tiverem armas, levem-nas para casa. Se não tiverem, não pensem em comprá-las (...) Lembrem-se, não estamos defendendo a violência (...) Precisamos responder ao ódio com amor."[87]

Quando o comissário de polícia se adiantou para falar, a multidão o vaiou. King levantou a mão de novo, pedindo silêncio. "Vamos ouvir o comissário", disse ele.[88] Sellers ofereceu um prêmio a quem pudesse identificar a pessoa ou as pessoas que jogaram a bomba. E prometeu proteção policial total à família King. Quando ele acabou de falar, a multidão se desfez e começou a se dirigir para casa.

Duas noites depois, uma barra de dinamite foi jogada no gramado na frente da casa de E. D. Nixon. De novo, ninguém se feriu. E, enquanto outra multidão enraivecida se reuniu no local, eles também foram convencidos a ir para casa pacificamente. "A não violência tinha passado em seu primeiro e em seu segundo teste", escreveu King.[89] Nas reuniões públicas sobre o boicote, ele enfatizara repetidamente o poder da resistência não violenta.

Mesmo assim, os amigos de King decidiram que era perigoso demais para ele continuar a dirigir ou até viajar sozinho. Para protegê-lo, eles organizaram um corpo de motoristas e guarda-costas voluntários e mandaram instalar holofotes em torno de sua casa como medida de segurança.

Jo Ann Robinson também se tornou um alvo. Numa noite, uma pedra grande foi arremessada pela janela da sala da casa dela. Duas semanas depois, espalharam ácido por cima do seu carro quando estava estacionado, abrindo buracos no teto, para-choques e capô. "Mantive aquele carro, um Chrysler, até 1960", disse ela. "Ele tinha se tornado o carro mais lindo do mundo para mim."[90]

A tensão chegou ao ápice quando um juiz de Montgomery recrutou um júri de acusação especial constituído de dezessete brancos e um negro para investigar o distúrbio racial na cidade. Mais de duzentas testemunhas foram convocadas para testemunhar sobre quem estava liderando o boicote. No dia 21 de fevereiro, o júri de acusação indiciou 115 negros – incluindo King, 23 outros ministros e todos os motoristas que participavam do esquema de transporte compartilhado – com base numa lei controversa de 1921 que proibia boicotes "sem justa causa ou pretexto legal".[91]

As autoridades municipais deram um ultimato: se os participantes do boicote aceitassem os termos do acordo que haviam rejeitado anteriormente, as acusações contra eles seriam suspensas. A oferta foi recusada. "Tínhamos andado durante onze semanas no frio e na chuva", disse o reverendo Ralph Abernathy aos repórteres. "Agora o tempo está ficando mais ameno. Então continuaremos até recebermos propostas das autoridades."[92]

Quando as denúncias foram anunciadas, King estava fora da cidade, dando uma palestra na Universidade Fisk em Nashville, no estado do Tennessee. Abernathy telefonou para informá-lo. Em Montgomery, relatou Abernathy, muitos líderes do boicote denunciados estavam planejando demonstrar sua rebeldia entregando-se em grupos, em vez de ficar esperando ser presos. "Digo então, vamos todos para a cadeia!", declarou o reverendo S. S. Seay.[93]

King disse a Abernathy que voltaria para Montgomery imediatamente. Ele fez reservas para voltar de avião para Atlanta, onde Coretta e o bebê estavam visitando parentes. Ao chegar à Atlanta, seu pai foi encontrá-lo no aeroporto e suplicou para que ele não voltasse para Montgomery. No passado, Martin Luther King pai fora um dos participantes mais destacados do movimento de direitos civis, mas agora estava apavorado com o que poderia acontecer com seu filho e a família dele. "Eles estão atrás de você", avisou o velho King.[94] Ele pediu que vários amigos leais da família viessem até sua casa à tarde e conversassem com seu filho.

King Jr. concordou em se encontrar com eles, mas sua decisão estava tomada. "Preciso voltar para Montgomery", disse-lhes. "Seria o cúmulo da covardia ficar afastado."[95] Com isso, seu pai desmoronou. "Eles vão matar o meu menino", soluçou ele.[96] Mas, quando os outros se manifestaram em apoio à decisão do jovem King, o pai recuperou o autocontrole e prometeu ficar ao lado do filho. Ele pretendia acompanhar Martin de volta a Montgomery.

Em Montgomery, nesse ínterim, a maioria dos participantes do boicote não esperou que os policiais viessem atrás deles. E. D. Nixon foi o primeiro a ser preso. Ele adentrou o fórum do condado, apareceu na sala do delegado e perguntou: "Estão procurando por mim? Bem, aqui estou".[97] Tomados de surpresa, os policiais o conduziram à cadeia. Ele foi fichado, teve as impressões digitais coletadas e foi liberado rapidamente mediante pagamento de fiança. Saiu do fórum sorrindo.

O boato se espalhou, iniciando uma reação em cadeia conforme mais participantes do boicote denunciados iam se apresentando voluntariamente no fórum. Entre aqueles que foram presos, fichados e depois liberados estavam Jo Ann Robinson e uma colega do Conselho Político Feminino, Irene West, que tinha quase oitenta anos de idade. Outro idoso foi o dr. M. C. Cleveland, pastor da igreja batista da Day Street. "É a primeira vez que sou preso em 72 anos", disse ele. "É uma experiência nova, mas, na minha idade, já estamos acostumados a experiências novas."[98]

Centenas de espectadores se reuniram do lado de fora da cadeia, lançando gritos de incentivo conforme os participantes do boicote iam entrando para serem fichados e aplaudindo, e torcendo por eles ao saírem. O ato de ser preso, que, por tanto tempo, apavorava a comunidade negra, tinha se tornado um motivo de orgulho. Pessoas que outrora tremiam diante da lei agora estavam orgulhosas de serem presas na luta pela liberdade. Conforme a multidão exuberante de espectadores ria e comemorava, acenando e abraçando os líderes do boicote ao passarem na entrada e na saída da delegacia, alguns dos policiais brancos começaram a se divertir, rindo e fazendo piadas com a multidão, até que o próprio delegado, enfurecido, saiu e gritou: "Isso aqui não é nenhum teatro de variedades!".[99]

"Tornou-se uma verdadeira honra ser denunciado e preso", recordou-se Fred Gray. "Algumas pessoas que não tinham sido denunciadas ficaram muito desapontadas (...) Elas se sentiram de alguma forma insultadas por não terem sido presas por exercerem seus direitos constitucionais."[100]

Quando chegou a Montgomery na manhã seguinte, King se dirigiu imediatamente ao fórum do condado, acompanhado por seu pai,

Ralph Abernathy e vários membros de sua congregação. A multidão que esperava por eles exultou quando chegaram. King foi fichado, teve as impressões digitais coletadas e foi fotografado, como já tinha sido antes. Depois foi liberado para encontrar seus apoiadores, que esperavam impacientes. Ele foi o 24º ministro a ser preso. Seu julgamento foi marcado para o dia 19 de março.

Enquanto tudo isso estava acontecendo, a liderança negra votara pelo prosseguimento de sua estratégia jurídica. No dia 1º de fevereiro, depois que a casa de King foi bombardeada, o advogado Fred Gray instaurara um processo na justiça federal questionando a segregação nos ônibus como sendo uma violação à Constituição dos Estados Unidos da América. Naquele momento, o recurso de Gray no processo de Rosa Parks tinha sido indeferido por causa de um detalhe técnico. Assim sendo, a condenação tinha sido mantida. "O novo processo era nossa forma de endurecer", escreveu Parks.[101] Dessa vez, foi instaurado em nome de cinco mulheres que tinham sido maltratadas nos ônibus, dentre elas Claudette Colvin e Mary Louise Smith.

Todos sabiam que poderia levar meses, se não anos, para que a ação fosse julgada. Em última instância, a Suprema Corte dos Estados Unidos teria que decidir. Até lá, o boicote, naquele momento em seu 59º dia, continuaria. Os cidadãos negros de Montgomery teriam que continuar caminhando.

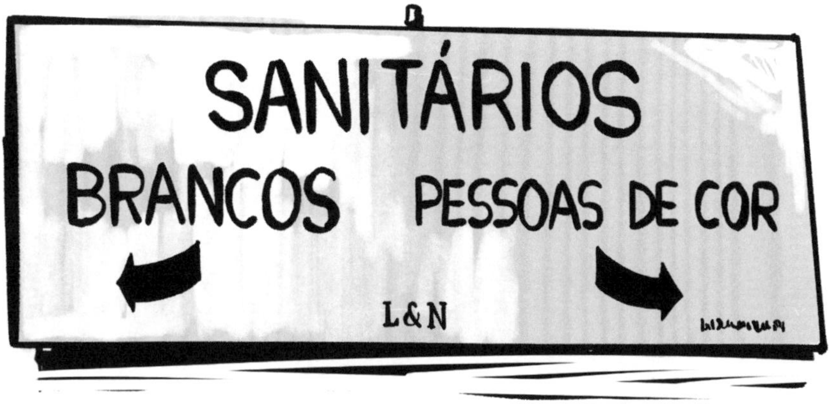
SANITÁRIOS
BRANCOS
PESSOAS DE COR
L&N

Bernice Robertson, de sete anos, e suas irmãs, Rosetta, de nove, e Naomi, de dez, andavam mais de treze quilômetros, duas vezes por semana, para terem aula de piano. Mesmo com a distância e com pessoas brancas tentando intimidá-las no caminho, elas estavam determinadas a caminhar.

7

Caminhando para a vitória

"É um prazer recebê-lo nesta manhã."

As autoridades municipais esperavam estragar o estado de espírito dos participantes do boicote. Porém, as detenções em massa, em vez de darem um tiro de misericórdia no movimento, inspiraram ainda mais os manifestantes e fortaleceram sua força de vontade. O editor do jornal *Montgomery Advertiser*, Grover Hall, chamou todo o episódio das denúncias e prisões de "o ato mais estúpido já praticado em Montgomery".[102]

Na noite após King ter sido fichado e liberado, milhares de pessoas se reuniram na igreja de Ralph Abernathy. Todos os homens e mulheres que tinham sido presos até então foram reunidos na frente da igreja enquanto o público se levantava e aplaudia, trazendo as crianças até a frente para alcançar e tocar os heróis do boicote. Abernathy convocou a todos para um dia de ação de graças, em que todos iriam caminhar. Não haveria esquema de transporte compartilhado, nem carros particulares, nem táxis. Os participantes do boicote "não girariam nenhuma chave na ignição, nem apertariam botões de partida, nem pegariam táxis, mas caminhariam para onde quer que fossem

(...) para que aqueles que caminhavam soubessem que outras pessoas caminhavam com eles".[103]

Os representantes municipais "revelaram que não conheciam os negros com quem estavam lidando", escreveu King. "Eles achavam que estavam lidando com um grupo que poderia ser convencido ou forçado a fazer o que quer que os homens brancos desejassem. Não estavam cientes de que lidavam com negros que tinham sido libertados do medo."[104]

Naquele momento, inúmeros repórteres de jornais e televisão tinham ido para Montgomery, saídos de todos os cantos dos Estados Unidos e da Europa, e de lugares distantes como Japão, Índia e Austrália. O boicote, os atentados a bomba e as prisões tinham se tornado a grande manchete internacional. O mundo estava esperando para ver o que aconteceria.

O julgamento de King se iniciou no dia 19 de março de 1956. Ele fora separado do grupo pelos promotores como um caso-teste em seu plano de declarar o boicote ilegal e punir seus líderes. Os julgamentos dos outros participantes do boicote denunciados tinham sido postos de lado no momento. A NAACP enviara advogados para ajudar na defesa de King, mas o resultado, naquela sala de audiências, nunca foi motivo de dúvida. King foi considerado culpado. Foi obrigado a pagar quinhentos dólares de multa ou cumprir pena de um ano em trabalhos forçados. O juiz Eugene Carter disse que impusera uma pena "mínima" devido ao que King fizera para evitar violência.

"Cheguei ao final do meu julgamento com um sentimento de simpatia pelo juiz Carter", recordou-se King. "Para me condenar, ele tinha que enfrentar a condenação da nação e da opinião mundial. Para me absolver, ele tinha que enfrentar a condenação da comunidade local e dos eleitores que o mantinham no cargo. Durante os trabalhos, ele me tratou com muita cortesia e acabou proferindo um veredito que provavelmente considerava a melhor saída."[105]

Caminhando para a vitória 79

Liberado sob pagamento de fiança, King deixou o fórum com sua mulher a seu lado e uma horda de amigos que os seguiam. Do lado de fora, foi saudado por vários cinegrafistas de televisão e fotógrafos jornalísticos, e por centenas de apoiadores que gritavam "Deus o abençoe!" e que começaram a gritar palavras de ordem: "Nunca mais vamos andar de ônibus".[106]

A NAACP anunciou que seus advogados representariam King no recurso, bem como quaisquer outros líderes do boicote que fossem levados a julgamento. Os advogados da NAACP também estavam apoiando Fred Gray no processo na justiça federal que questionava a segregação nos ônibus. Vários brancos influentes tentaram persuadir Gray a abandonar o caso. "Alguns sugeriram que eu extinguisse o processo de vez porque isso só criaria problemas na comunidade e me daria fama de agitador", escreveu Gray mais tarde. "Alguns representantes oficiais sugeriram que, se eu obtivesse a concordância dos meus clientes para extinguir o processo ou deixá-lo para lá, não teria que me preocupar, e me garantiram que, dali em diante, eu cuidaria de todos os processos judiciais que pudesse dar conta. É claro que nunca concordei com esse tipo de persuasão."[107]

Antes, naquele verão, os participantes do boicote tiveram sua primeira vitória jurídica. No dia 4 de junho, um tribunal federal especial composto de três juízes decidiu a favor dos líderes do boicote. Por dois votos a um, os juízes brancos sulistas declararam que as leis municipais e estaduais do Alabama que exigiam a segregação nos ônibus infringiam a Décima Quarta Emenda à Constituição dos Estados Unidos da América, que garantia proteção igualitária sob a lei. A segregação nos ônibus municipais foi declarada inconstitucional.

Advogados representando Montgomery e o estado do Alabama imediatamente recorreram da decisão na Suprema Corte dos Estados Unidos. Temporariamente, as leis segregacionistas permaneceram em

80 CAMINHANDO PELA LIBERDADE

vigor. Vários meses se passariam até que a Suprema Corte pudesse impor sua decisão.

"A batalha ainda não estava vencida", escreveu King. "Teríamos que caminhar e nos sacrificar ainda por vários meses, enquanto os advogados municipais recorriam da decisão no processo."[108]

O protesto aos ônibus continuou. Os cidadãos negros de Montgomery vinham caminhando e compartilhando transporte havia seis meses. Havia ocorrido cerca de cinquenta reuniões públicas para manter o moral alto, uma dúzia de atentados a bomba e centenas de prisões. Os participantes do boicote tinham sido ameaçados, assediados e demitidos dos empregos. Mas a decisão judicial de junho foi saudada com regozijo e renovado sentimento de otimismo. Finalmente, um tribunal tinha julgado válida a causa dos manifestantes. Os primeiros seis meses haviam sido os mais difíceis, todos concordavam. Eles continuariam a caminhar por mais seis meses se fosse preciso. "Nós nem estávamos cansados", relembrou Fred Gray.[109]

Bernice Robertson, uma menina de sete anos, e suas irmãs, Rosetta, de nove, e Naomi, de dez, certamente não estavam cansadas. Desde a primeira semana do boicote, elas tinham andado mais de treze quilômetros por dia, duas vezes por semana, só para ter aulas de piano. "Caminhávamos porque era o certo e porque era errado pegar ônibus", lembrou-se Bernice. "Mas não foi fácil (...) porque às vezes os brancos chegavam perto, buzinavam ou gritavam com a gente, porque sabiam que estávamos participando daquilo, sabiam o que estávamos fazendo."[110]

Em agosto, houve outro atentado. Dessa vez, o alvo foi a casa de Robert Graetz, o ministro branco que apoiara abertamente o boicote aos ônibus. Três barras de dinamite explodiram no quintal da frente da casa com força suficiente para estilhaçar as janelas das casas vizinhas. De novo, nenhum ferido. O prefeito Gayle acusou Graetz de ter

Martin Luther King Jr. e Ralph Abernathy foram até o tribunal para receber a notícia de que o transporte compartilhado seria proibido na cidade após uma petição de representantes municipais brancos, numa tentativa de atrapalhar o boicote. Porém, durante a audiência, a Suprema Corte dos Estados Unidos decidiu que a segregação nos ônibus era inconstitucional.

82 Caminhando pela liberdade

jogado as bombas em sua própria casa para estimular contribuições de outros estados para a MIA. "Talvez seja apenas uma jogada publicitária para aumentar o interesse dos negros em sua campanha", disse o prefeito aos repórteres.[111]

Naquele outono, o Conselho de Cidadãos Brancos tentou atravancar o transporte compartilhado dos participantes do boicote impedindo que a frota de caminhonetes da MIA, as "igrejas sobre rodas", obtivesse cobertura de seguro. Agentes de seguro por todo o Sul do país foram pressionados a cancelar o seguro de responsabilidade civil da frota. Sem esse seguro, os veículos de transporte compartilhado não poderiam operar legalmente. Por fim, King arrumou um novo seguro por meio de um agente negro em Atlanta, que conseguiu comprar uma apólice do Lloyd's of London, uma firma britânica. O esquema de transporte compartilhado continuou a operar. Os negros tinham boicotado os ônibus por todo o verão e já entrava o outono.

Os segregacionistas não desistiram. Os representantes municipais fizeram uma petição a um tribunal estadual para obtenção de uma liminar que banisse o transporte compartilhado por ser um sistema de transporte municipal não autorizado. Se o tribunal deferisse o pedido, os operadores do transporte compartilhado poderiam ser presos por desacato. Uma audiência foi marcada para o dia 13 de novembro.

Na noite anterior à audiência, King se pronunciou numa reunião pública para avisar que o esquema de transporte compartilhado provavelmente seria proibido por lei. Depois de quase doze meses, os participantes do boicote perderiam seu único meio de transporte além dos próprios pés. Será que eles conseguiriam ir adiante sem o sistema de compartilhamento de carros? Será que os líderes do movimento conseguiriam fazer com que as pessoas fossem trabalhar e voltassem todos os dias a pé, por mais distante que fosse? Pela primeira vez, King sentiu o vento frio do pessimismo passando pelo público.

Ao final da reunião, as pessoas saíram andando em silêncio, sob uma nuvem de incertezas.

Na terça-feira, 13 de novembro, King e seus colegas líderes do boicote se sentaram melancólicos numa sala de audiências de Montgomery enquanto advogados representantes do município argumentavam que o esquema de transporte compartilhado deveria ser banido, e a MIA, levar uma multa pesada por operar um serviço de transporte não autorizado. Durante um breve recesso, King observou uma comoção fora do normal. O prefeito Gayle e o comissário de polícia Sellers foram chamados numa sala contígua, seguidos de dois advogados representantes do município. Vários repórteres se movimentavam empolgados, entrando nessa sala e saindo. Então, um dos repórteres se aproximou de King e entregou-lhe um boletim de notícias que tinha acabado de chegar da Associated Press. "Eis a decisão pela qual o senhor estava esperando", disse o repórter.[112]

A Suprema Corte dos Estados Unidos confirmara a decisão da instância inferior, declarando que as leis de segregação nos ônibus no Alabama eram inconstitucionais. "Meu coração começou a bater forte com uma alegria inexplicável", escreveu King posteriormente.[113] Ele correu para os fundos da sala de audiências para transmitir a notícia para sua mulher, Ralph Abernathy e E. D. Nixon. Conforme a notícia foi se espalhando pela sala de audiências, um homem se levantou e gritou: "Deus Todo-Poderoso se manifestou em Washington, D.C.!". O juiz Eugene Carter teve que bater o martelo muitas vezes para restaurar a ordem.[114] Então, numa contradição quase cômica à decisão da Suprema Corte, o juiz Carter concedeu uma liminar que bania o transporte compartilhado.

O sistema de compartilhamento de carros teria que parar de funcionar, mas isso era uma questão secundária naquele momento. Quase um ano após o início do boicote, os cidadãos negros de Montgomery tinham obtido uma vitória histórica dramática. Os bancos segregados nos ônibus estavam com os dias contados. Não haveria mais regras sobre quem se senta onde. Seria tão simples. Qualquer um poderia se sentar em qualquer assento vago. A decisão da Suprema Corte não deveria ser encarada como uma vitória dos negros sobre os brancos, proclamou King. Mas como uma vitória da justiça e da democracia.

Na noite seguinte, os participantes do boicote comemoraram em dois enormes eventos, realizados em igrejas, uma de cada lado da cidade, para acomodar o máximo de pessoas possível. Num deles, o reverendo Robert Graetz foi chamado ao púlpito para a leitura das Escrituras. O jovem pregador branco e magro, que arriscara a segurança de sua família para apoiar a causa negra, abriu a Bíblia e leu as famosas palavras de Coríntios 1:

> Quando eu era criança, falava como criança, pensava como criança, raciocinava como criança. Depois que me tornei homem, fiz desaparecer o que era próprio da criança.

Antes mesmo de chegar ao fim da frase, todas as pessoas presentes se levantaram e aplaudiram a passagem – uma afirmação bíblica do potente novo senso de orgulho e brio da comunidade negra. "Eles estavam gritando, aplaudindo e acenando com lenços", recordou-se King, "como que para dizer que sabiam que tinham chegado à maioridade, que tinham ganhado uma nova dignidade."

Quando Graetz concluiu: "Agora, portanto, permanecem fé, esperança, caridade, estas três coisas. A maior delas, porém, é a caridade", houve outra explosão espontânea de alegria.

"Eu soube então que a não violência, por todas as dificuldades, tinha encontrado um caminho até os nossos corações", escreveu King.[115]

Havia mais um obstáculo. A decisão da Suprema Corte só entraria em vigor quando os documentos jurídicos oficiais fossem emitidos e entregues às autoridades municipais. Nesse ínterim, a segregação nos ônibus ainda era lei, e a liminar de último minuto do juiz Carter banindo o sistema de compartilhamento de transporte já entrara em vigor. "Por esses três ou quatro dias", anunciou King com otimismo, "continuaremos a caminhar e dar carona a amigos".[116]

O que acabou acontecendo é que demorou cinco semanas até que os documentos jurídicos oficiais chegassem a Montgomery. Isso criou um problema, já que o sistema de transporte compartilhado ainda estava banido por ordem judicial. Para superar o atraso, um plano colaborativo de caronas foi concebido para cada bairro e para cada rua. Coordenado pelo reverendo S. S. Seay, o plano funcionou. Os proprietários de veículos deram carona a amigos e vizinhos, enquanto milhares de outros participantes do boicote continuavam a caminhar. Os ônibus continuaram vazios.

Enquanto isso, os líderes do boicote trabalhavam para preparar as pessoas para os ônibus integrados. Durante as reuniões públicas duas vezes por semana, oradores sucessivos eram chamados para ensinar técnicas não violentas. Cadeiras eram postas em fileiras em frente à igreja para parecer um ônibus, com o banco do motorista na frente. Depois, pessoas do público eram escolhidas como atores para desempenhar papéis de motorista e passageiros brancos e negros, alguns educados, outros hostis.

Sob a observação da plateia, os atores desempenhavam cenas de confrontos, episódios de insultos e violência que poderiam ocorrer quando os ônibus estivessem de fato integrados. Se alguém xingá-lo, não retribua o xingamento, era o que se dizia para passageiros negros. Se alguém empurrá-lo, não retribua o empurrão. Se alguém atacá-lo, não retribua o ataque. Demonstre amor e boa vontade o tempo todo.

86 Caminhando pela liberdade

Após cada cena, os atores voltavam para a plateia e outro grupo assumia seu lugar. Cada sessão de treinamento era seguida de debate.

Líderes do boicote visitaram escolas de negros e estimularam os alunos a entrarem nos ônibus como bons cidadãos, com calma e dignidade, comprometidos totalmente com a não violência. E distribuíram por toda a cidade uma lista mimeografada de "Sugestões para ônibus integrados". Lembravam os passageiros de observar as regras normais de cortesia, de dizer "Posso me sentar?" ou "Com licença" ao pegarem um lugar vazio ao lado de outro passageiro, branco ou negro. "Se for para haver violência verbal ou física", avisava a lista de sugestões, "que não seja a nossa gente a cometê-la."[117]

No dia 20 de dezembro, a ordem de integração nos ônibus proveniente da Suprema Corte foi finalmente entregue aos representantes municipais de Montgomery. "Imagino que teremos que cumpri-la", disse o prefeito Gayle, "porque agora é lei."[118]

Naquela noite, milhares de pessoas se reuniram na igreja batista da Holt Street, onde King tinha eletrizado a multidão mais de um ano antes com o discurso que deslanchou o boicote. A igreja estava lotada e as pessoas que tinham sobrado do lado de fora ocupavam a rua por quarteirões de distância em todas as direções. Os alto-falantes externos transmitiam as vozes dos oradores e os sons de canções de liberdade e hinos religiosos pelo gélido ar noturno de inverno.

"Cantamos *Swing Low, Sweet Chariot* e *This Little Light of Mine, I'm Gonna Let it Shine*, e muitas outras canções", relembrou Georgia Gilmore. "Pés fatigados e almas cansadas foram iluminados. Que noite! Não tínhamos mais que andar. Antes mesmo que Martin Luther King Jr. chegasse ao local e nos dissesse que tinha acabado, sabíamos que tinha acabado e sabíamos que tínhamos vencido."[119]

"Não podemos encarar isso como uma vitória", disse King à multidão, "mas mera dignidade. Quando voltarmos aos ônibus, voltem com um orgulho tranquilo. Não forcem a barra. Basta sentar onde houver um lugar vago. Se alguém lhe provocar, não retribua a provocação. Precisamos ter a coragem de não atacar (...) precisamos continuar a resistir à segregação de forma não violenta."[120]

No dia 21 de dezembro de 1956 – 381 dias após o início do boicote –, Montgomery dessegregou seus ônibus públicos. Às 5h55 da manhã, um ônibus vazio parou no ponto numa esquina perto da casa de King. Usando seu melhor terno e chapéu, Martin Luther King Jr. andou até o ônibus, acompanhado por Ralph Abernathy, E. D. Nixon e Glenn Smiley, um ministro branco nascido no Sul e ativista pelos direitos civis que estava visitando Montgomery. Câmeras de televisão, fotógrafos e repórteres rodearam esses homens, gritando perguntas. A porta do ônibus se abriu. King subiu no ônibus. O motorista branco o saudou com um sorriso e disse:

– O senhor deve ser o reverendo King, não é?

– Eu mesmo – respondeu King.

– É um prazer recebê-lo nesta manhã – disse o motorista.[121]

King agradeceu e sentou-se num lugar na parte da frente do ônibus.

Com a integração dos ônibus em Montgomery, segregacionistas inconformados recorreram à violência. Houve atentados a bomba em quatro igrejas batistas de negros e nas casas de três ministros, além de outros episódios de espancamento e tiros em ônibus.

8

As crianças que virão...

"As crianças que virão depois de nós precisam saber a verdade sobre isso."

Rosa Parks nunca imaginou entrar para a história. "Não fazia ideia, quando me recusei a ceder meu lugar naquele ônibus em Montgomery, de que meu pequeno ato ajudaria a pôr fim à segregação imposta no Sul", escreveu ela muitos anos depois.[122] De fato, ninguém percebeu isso na época, mas o boicote aos ônibus em Montgomery marcou o início do que agora reconhecemos como o movimento de direitos civis moderno.

Milhares de negros voltaram a andar de ônibus diariamente, mas não sem oposição. O Conselho de Cidadãos Brancos previra violência e, como não poderia deixar de ser, a violência irrompeu antes do Natal. Bem cedo, na manhã de 23 de dezembro, dois dias depois de o boicote ter terminado, um tiro de espingarda atingiu a casa de King, amedrontando a todos, mas sem ferir ninguém. Na véspera de Natal, um carro encostou num ponto onde uma garota negra de quinze anos estava esperando o ônibus sozinha. Quatro ou cinco homens pularam do carro, bateram nela e fugiram. Em seguida, atiradores começaram a atingir ônibus integrados, mandando uma mulher negra grávida para o hospital com ferimentos a bala em ambas as pernas. Em resposta, as autoridades municipais suspenderam o serviço de ônibus depois das 17 horas, o que significava que as pessoas que trabalhavam de 9h às 17h não conseguiriam voltar para casa de ônibus.

Em janeiro, bombas foram atiradas em quatro igrejas de negros em Montgomery e nas casas de três ministros: Ralph Abernathy, Robert Graetz e Martin Luther King Jr. As igrejas batistas da Bell Street e de Mount Olive foram quase que completamente destruídas e todas as três casas ficaram seriamente danificadas. Milagrosamente, ninguém se feriu. "Senhor Deus, espero que ninguém tenha que morrer em consequência de nossa luta por liberdade em Montgomery", orou King numa reunião.[123]

Por fim, os tiroteios e ataques a bomba cessaram e o serviço de ônibus noturno foi tranquilamente retomado. "Em poucas semanas, o transporte voltou ao normal", escreveu King, "e pessoas de ambas as raças passaram a circular onde queriam. O mundo não caiu quando os ônibus integrados finalmente passaram a rodar pelas ruas de Montgomery."[124]

Enquanto Montgomery ia se acostumando com ônibus integrados, o sucesso do boicote se mostrou uma inspiração e um ponto de virada para outras iniciativas. Por todo o Sul, ativistas pelos direitos civis, negros e brancos, usaram a força dos protestos não violentos para questionar a segregação nos ônibus municipais, nos ônibus e trens interestaduais e em prédios públicos de vários tipos. Estudantes universitários realizaram "manifestações sentadas" em refeitórios segregados, em que se recusavam a se levantar de lugares reservados para brancos enquanto não fossem servidos. Jovens *Freedom Riders* [Viajantes da Liberdade] brancos e negros rodavam de ônibus pelo Sul, testando a decisão da Suprema Corte que ordenava transporte integrado para todos os passageiros interestaduais.

Segregacionistas enraivecidos, determinados a deter a "mistura de raças", revidaram. Marchas de protesto foram reprimidas pela polícia usando cães pastores-alemães ferozes, açoites e potentes mangueiras de incêndio. Sob uma pressão de água de noventa litros, manifestantes pacíficos eram jogados na calçada, empurrados e lançados contra a frente das lojas. Manifestantes mais ativos eram atacados por bandos, surrados e, em várias situações, mortos. O próprio King, insistindo em suas mensagens de não violência, foi detido e preso várias vezes. Ao autografar livros numa loja de departamentos na cidade de Nova York, foi apunhalado no peito por uma mulher alucinada que gritou: "Estou atrás dele há seis anos! Que bom que consegui!".[125]

Dois incidentes violentos, em especial, aterrorizaram o mundo e são lembrados hoje como marcos pavorosos do movimento de direitos civis. Em Birmingham, no estado do Alabama, uma bomba poderosa explodiu na igreja batista da 16ª Street no dia 15 de setembro de 1963, matando quatro meninas que estavam na escola dominical. Anos mais tarde, três membros da Ku Klux Klan foram condenados pelo atentado e presos.

No Mississippi, três jovens defensores dos direitos civis – dois brancos e um negro – que estavam ajudando negros a se cadastrarem como eleitores desapareceram perto da cidade da Filadélfia, no domingo, dia 21 de junho de 1964. Após uma longa busca, seus corpos foram encontrados enterrados a sete palmos numa fazenda próxima. Eles tinham sido espancados até a morte por um bando de membros da Ku Klux Klan. Quarenta e um anos depois, em 2005, um dos membros da Ku Klux Klan acusados dos assassinatos, Edgar Ray Killen, foi condenado por homicídio culposo por um júri local composto de brancos e negros.

Durante todos esses anos de protesto e resistência, o movimento de direitos civis foi crescendo em números e em influência, espalhando-se por todas as áreas da sociedade e atraindo muitos jovens estudantes e universitários. Em agosto de 1963, mais de 200 mil manifestantes pacíficos de todas as partes do país compareceram à Marcha pelos Direitos Civis em Washington, D.C., onde Martin Luther King Jr., naquele momento o líder de direitos civis mais famoso do país, proferiu seu famoso discurso "Eu tenho um sonho", nos degraus do Lincoln Memorial. "É um sonho profundamente enraizado no sonho americano. Eu tenho um sonho de que um dia esta nação se levantará e viverá o verdadeiro significado de sua crença – nós celebraremos essas verdades e elas serão claras para todos, de que os homens são criados iguais", disse ele.[126]

Nesse ínterim, a continuação do derramamento de sangue e da violência horrorizaram as pessoas de boa-fé e resultaram num aumento da pressão pela aprovação de leis de direitos civis mais relevantes. Em 1963, o presidente John F. Kennedy pediu ao Congresso que aprovasse uma lei federal que poria fim à segregação legal. Kennedy foi assassinado em Dallas, no estado do Texas, em novembro daquele mesmo ano, mas o projeto de lei que ele solicitara espantosamente passou no Congresso e foi sancionado pelo presidente Lyndon B. Johnson como a Lei de Direitos Civis de 1964. Essa legislação histórica ajudou a transformar a sociedade americana. Ela baniu a discriminação em locais públicos, como restaurantes, teatros e hotéis, no governo e nos locais de trabalho. Além disso, encorajou a dessegregação em escolas públicas e aboliu as leis segregacionistas Jim Crow no Sul.

Porém, a Lei de Direitos Civis não garantia o direito ao voto. Esse direito só foi obtido pela Lei de Direito de Voto, aprovada no Congresso e assinada pelo presidente Johnson em 1965, abolindo os impostos de votação, testes de alfabetização e outras barreiras à oportunidade igualitária ao voto. Rosa Parks, Martin Luther King Jr. e outros líderes de direitos civis observaram quando o presidente

Essas quatro meninas foram mortas por uma bomba jogada por membros da Ku Klux Klan na sala de aula da escola dominical da igreja batista da 16ª Street, em Birmingham, em 15 de setembro de 1963.

Seus nomes são, da esquerda para a direita: Denise McNair, de onze anos; Carole Robertson, Addie Mae Collins e Cynthia Wesley, todas de quatorze anos.

Johnson sancionou a lei na Sala do Presidente no Capitólio, a mesma sala em que o presidente Abraham Lincoln assinara a Proclamação da Emancipação 104 anos antes.

A Lei de Direito de Voto foi considerada a maior realização do movimento de direitos civis. Em 1964, havia apenas trezentos agentes públicos negros no país inteiro. Em 1975, havia mais de cinco mil, incluindo 43 membros do Congresso. Em 1975, a Lei de Direito de Voto foi expandida para incluir "minorias linguísticas", resultando em cerca de seis mil agentes hispânicos eleitos em 2005, incluindo 27 no Congresso.

A batalha pela igualdade racial é uma constante desde a fundação da nação dos Estados Unidos. Ela foi travada por meio de processos judiciais e pressão política no Congresso e no poder legislativo estadual. E foi travada nas ruas por cidadãos corajosos que descobriram que poderiam obter seus direitos unindo-se e resistindo pacificamente a um sistema injusto.

Em 1968, Martin Luther King Jr. foi a Memphis, no estado do Tennessee, para apoiar uma greve de lixeiros negros que estavam exigindo melhores salários e condições de trabalho. Na noite de 4 de abril, enquanto esperava para jantar na sacada do Lorraine Motel, uma bala pôs fim à sua vida. Um atirador solitário, James Earl Ray, confessou o assassinato. Muitas pessoas acreditam que Ray, um criminoso branco de menor importância, não agiu sozinho, mas a conspiração nunca ficou comprovada. King estava com 39 anos. Mais do que qualquer outro líder de sua época turbulenta, ele conseguiu dar uma voz à consciência dos Estados Unidos.

Outros participantes do boicote aos ônibus de Montgomery continuaram com suas vidas. Jo Ann Robinson renunciou ao cargo na Alabama State College, junto com outros membros do corpo docente que sentiam que estavam sendo assediados por suas atividades políticas. Jo Ann se mudou para a Califórnia, onde deu aula em escolas públicas por muitos anos e permaneceu ativamente engajada no trabalho social e com a sociedade civil.

"Participar do boicote me ensinou a ter coragem", escreveu Jo Ann mais tarde. "A memória de milhares de colegas, andando no calor e no frio, na chuva, no granizo ou no sol, durante treze meses, faz com que me sinta humilde, sempre. Aquelas pessoas me inspiraram a jamais aceitar o que era erroneamente imposto a mim."[127]

Hoje, a Alabama State University é uma universidade integrada, fazendo parte do sistema universitário do estado do Alabama.

Claudette Colvin fixou residência na cidade de Nova York. Trabalhou como auxiliar de enfermagem e levou uma vida tranquila em relativo anonimato. Seu papel no boicote aos ônibus de Montgomery, ignorado e quase esquecido, é reconhecido por vários sites na internet e por um documentário de seis minutos, intitulado *Claudette Who?*, realizado por um grupo de alunos da 5ª série da Hartford University School em Milwaukee, no estado de Wisconsin.

Rosa Parks se mudou com o marido e a mãe para Detroit, onde morava seu irmão, depois de receber ameaças por telefone em Montgomery. Ela trabalhou para o congressista John Conyers, continuou a batalhar por direitos igualitários e foi considerada a "Mãe do Movimento de Direitos Civis".

Em 1995, quando Rosa visitou o Alabama para participar do 40º aniversário do boicote aos ônibus, policiais motorizados buzinando em estardalhaço pararam o trânsito para ela. O prefeito de Birmingham proclamou o "Dia de Rosa Parks". O prefeito de Montgomery presenteou a veterana dos direitos civis de 82 anos de idade com a chave da cidade. E a Câmara dos Vereadores de Montgomery, composta por quatro membros negros e cinco brancos, anunciou planos para construir o Rosa Parks Library and Museum, que foi inaugurado em Montgomery em dezembro de 2000. "Gostaria que todos se lembrassem de mim como uma pessoa que queria ser livre", disse Rosa.[128] Ela morreu aos 92 anos em sua casa, em Detroit, em 24 de outubro de 2005, seis semanas antes do 50º aniversário do início do boicote aos ônibus de Montgomery.

A rebeldia de Rosa Parks naquela noite de dezembro de 1955 pôs em movimento uma revolução pacífica que levou à morte da segregação Jim Crow no Sul e trouxe os negros americanos para a vida política da nação. Porém, o sucesso e o verdadeiro impacto do boicote de Montgomery dependeu do sacrifício e da determinação de milhares de pessoas cujos nomes ficaram perdidos na história – empregadas domésticas, trabalhadores braçais, professores, estudantes, cozinheiros e outros tantos –, pessoas comuns que saíram de suas rotinas para se tornarem protagonistas de um drama histórico que mudou o país.

E. D. Nixon continuou na profissão de ferroviário e a ser um líder da sociedade civil incansável em Montgomery. "O boicote de Montgomery foi uma coisa importante na vida de muita gente", recordou-se ele. "Centenas de pessoas contribuíram. As crianças que virão depois de nós precisam saber a verdade sobre isso. A verdade liberta."[129]

Agradecimentos

Por seus conselhos e muitas gentilezas enquanto eu estava fazendo a pesquisa para escrever este livro, agradeço a E. Ann Clemons, gerente do Montgomery Convention and Visitor Bureau; Georgette M. Norman, diretora do Rosa Parks Library and Museum, em Montgomery; dra. Gwendolyn M. Patron, arquivista na Trenholm State Technical College, em Montgomery, e dr. Howard Robinson, diretor do African American Center na Alabama State University, em Montgomery.

Agradeço também a John Broderick e Sandra Weiner; Joan Carroll da Wide World Photos; Iris Wong da Getty Images e à equipe da Sala de Leitura, Fotografias e Impressos, da Biblioteca do Congresso.

Notas

Abreviações usadas:
Branch: Taylor Branch, *Parting the Waters*;
Williams: Juan Williams, *Eyes on the Prize*;
Halberstam: David Halberstam, *The Fifties*;
Gray: Fred Gray, *Bus Ride to Justice*;
JAR: Jo Ann Robinson, *The Montgomery Bus Boycott and the Women Who Started It*;
Leventhal: Willy S. Leventhal, *The Children Coming On...*;
Levine: Ellen Levine, *Freedom's Children*;
MLK: Martin Luther King Jr., *Stride Toward Freedom*;
Parks: Rosa Parks e Jim Haskins, *My Story*.

Capítulo 1 - Jo Ann Robinson

1   JAR, p. 26.
2   JAR, p. 15.
3   JAR, p. 16.
4   JAR, p. xiii.

5   JAR, p. 34.

6   JAR, p. 23

7   JAR, p. 24.

8   JAR, p. 23.

9   Williams, p. 62.

10   JAR, p. 27.

Capítulo 2 - Claudette Colvin

11   Levine, p. 23.

12   Levine, p. 24.

13   Idem.

14   Levine, p. 25.

15   Halberstam, p. 546.

16   JAR, p. 42.

17   Williams, p. 63.

18   Leventhal, p. 152.

Capítulo 3 - Rosa Parks

19   Parks, p. 107.

20   Parks, p. 35.

21   Parks, p. 65.

22   Williams, p. 66.

23   Parks, p. 115.

24   Parks, p. 116.

25   Halberstam, p. 540.

26   Williams, p. 66.

27   Parks, p. 116.
28   Parks, p. 117.
29   Parks, p. 121.
30   Branch, p. 129.
31   Parks, p. 122.
32   Williams, p. 62.
33   Halberstam, p. 543.
34   Leventhal, p. 91.
35   Branch, p. 131.
36   Gray, p. 52.
37   Leventhal, p. 99.

Capítulo 4 - Martin Luther King Jr.

38   MLK, p. 48.
39   Williams, p. 72.
40   MLK, p. 53.
41   MLK, p. 54.
42   JAR, p. 57.
43   Idem.
44   JAR, p. 58.
45   Williams, p. 73.
46   Gray, p. 55-56.
47   Leventhal, p. 89.
48   Branch, p. 136 e Halberstam, p. 547.
49   MLK, p. 56.
50   Williams, p. 73.
51   MLK, p. 85.
52   Williams, p. 71.

53   Williams, p. 74.

54   MLK, p. 59.

55   Branch, p. 139.

56   MLK, p. 61.

57   Branch, p. 140.

58   MLK, p. 62.

59   Branch, p. 140.

60   MLK, p. 63.

61   MLK, p. 64.

62   Halberstam, p. 556.

Capítulo 5 - Heróis do boicote

63   Branch, p. 149.

64   Idem.

65   Williams, p. 79.

66   Williams, p. 77.

67   MLK, p. 112.

68   Gray, p. 61.

69   MLK, p. 112.

70   MLK, p. 113.

71   JAR, p. 93.

72   JAR, p. 102.

73   Branch, p. 144.

74   Branch, p. 158.

Capítulo 6 - Orgulho de ser preso

75   JAR, p. 25.

76   Williams, p. 81 e 85.

77   Parks, p. 145.

78   Williams, p. 81.

79   MLK, p. 128-129 e Branch, p. 160.

80   MLK, p. 189.

81   MLK, p. 132.

82   MLK, p. 134 e Branch, p. 162.

83   MLK, p. 133.

84   MLK, p. 184-185.

85   MLK, p. 132.

86   MLK, p. 137 e Branch, p. 165.

87   MLK, p. 137 e Branch, p. 166.

88   MLK, p. 138.

89   MLK, p. 140.

90   JAR, p. 140.

91   Branch, p. 168.

92   Branch, p. 173.

93   Idem.

94   MLK, p. 144.

95   MLK, p. 145.

96   Halberstam, p. 562

97   Branch, p. 176.

98   JAR, p. 154.

99   Branch, p. 177.

100   Gray, p. 83.

101   Parks, p. 147.

Capítulo 7 - Caminhando para a vitória

102   Branch, p. 183.
103   JAR, p. 155.
104   MLK, p. 150.
105   MLK, p. 149.
106   Idem.
107   Gray, p. 72.
108   MLK, p. 153.
109   Gray, p. 91.
110   Leventhal, p. 167.
111   Branch, p. 191.
112   MLK, p. 159.
113   MLK, p. 160.
114   Idem.
115   MLK, p. 161.
116   Branch, p. 194.
117   MLK, p. 164.
118   Leventhal, p. 167.
119   Leventhal, p. 162.
120   Leventhal, p. 167.
121   MLK, p. 173.

Capítulo 8 - As crianças que virão...

122   Parks, p. 2.
123   Branch, p. 201.
124   MLK, p. 180.
125   Branch, p. 243.

126 GARRATY, John A. (Org.). *The Young Reader's Companion to American History*. Boston: Houghton Mifflin, 1994, p. 472.

127 JAR, p. 3.

128 "A Person Who Wanted to Be Free", *Washington Post Magazine*, 3 out. 1995, p. 9.

129 Leventhal, p. 22.

Referências bibliográficas

Por ser um evento seminal que capitaneou o movimento moderno por direitos civis norte-americano e uma dramática história com início, meio e um fim triunfante, o boicote aos ônibus de Montgomery tem sido tema de inúmeros artigos, histórias, memórias, monografias, dissertações e teses. Neste meu relato, tentei me concentrar em recordações de primeira mão de vários participantes importantes do boicote, conforme registradas nos livros a seguir:

GARROW, David J. (Org.). *The Montgomery Bus Boycott and the Women Who Started It: The Memoir of Jo Ann Gibson Robinson*. Knoxville: University of Tennessee Press, 1987. O relato autobiográfico de Robinson sobre a criação do boicote enfatiza o papel crucial desempenhado pelo Conselho Político Feminino.

GRAY, Fred. *Bus Ride to Justice: The Life and Works of Fred Gray*. Montgomery: Black Belt Press, 1995; NewSouth Books, 2002. A história do boicote contada pelo advogado na época de Rosa Parks e

Martin Luther King Jr. A autobiografia de Gray também detalha seu trabalho posterior como advogado de direitos civis representando os *Freedom Riders*, os manifestantes da marcha de Selma a Montgomery e outros.

KING JR., Martin Luther. *Stride Toward Freedom: The Montgomery Story*. Nova York: Harper & Row, 1958. O primeiro livro de King: seu relato pessoal do boicote e dos desdobramentos da aplicação da resistência não violenta nos Estados Unidos. Também publicado numa edição para jovens leitores.

LEVENTHAL, Willy S. et al. (Orgs.). *The Children Coming On...: A Retrospective of the Montgomery Bus Boycott*. Montgomery: Black Belt Press, 1998. Um valioso compêndio de ensaios, entrevistas, histórias orais, documentos jurídicos e notícias.

LEVINE, Ellen. *Freedom's Children: Young Civil Rights Activists Tell Their Own Stories*. Nova York: G. P. Putman's Sons, 1993; Puffin, 2000. Inclui entrevistas com Claudette Colvin e outros 29 afro-americanos que foram crianças e adolescentes nos 1950 e 1960.

PARKS, Rosa; HASKINS, Jim. *Rosa Parks: My Story*. Nova York: Dial, 1992. Também publicado como brochura pelo selo Puffin Books para jovens leitores; trata-se de uma autobiografia inspiradora para todas as idades.

Outras narrativas históricas notáveis:

BRANCH, Taylor. *Parting the Waters: America in the King Years, 1954-63*. Nova York: Simon & Schuster, 1989. Ganhador do Prêmio Pulitzer, este é o relato definitivo do movimento de direitos civis norte-americano e fonte indispensável para todos que escrevem sobre esse tema.

HALBERSTAM, David. *The Fifties*. Nova York: Villard, 1993. Proporciona uma narrativa histórica completa da década que testemunhou os primórdios do movimento de direitos civis.

WILLIAMS, Juan. *Eyes on the Prize: America's Civil Rights Years, 1954-1965*. Nova York: Viking Penguin, 1987. Publicado como material complementar à série em seis episódios de televisão da PBS, este livro une fontes orais e escritas em uma visão histórica geral do período.

Outras obras sobre o boicote aos ônibus de Montgomery:

BRINKLEY, Douglas. *Rosa Parks*. Nova York: Viking, 2000. Parte da série Penguin Lives, fornece um relato curto, mas aprofundado da personalidade de Parks e de sua vida política no Sul e em Detroit antes e após o boicote aos ônibus de Montgomery.

BURNS, Steward. (Org.). *Daybreak of Freedom: The Montgomery Bus Boycott*. Chapel Hill: University of North Carolina Press, 1997.

FRADY, Marshall. *Martin Luther King, Jr*. Nova York: Viking, 2002. Outro volume da série Penguin Lives, oferece um retrato autobiográfico perspicaz de King.

GARROW, David J. (Org.). *The Walking City: The Montgomery Bus Boycott, 1955-1956*. Brooklyn, Nova York: Carlson Publishing, 1989.

GRAETZ, Robert S. *A White Preacher's Memoir: The Montgomery Bus Boycott*. Montgomery: Black Belt Press, 1998.

WRIGHT, Roberta Hughes. *The Birth of the Montgomery Bus Boycott*. Southfield, Mic.: Charro Press, 1991.

Livros para jovens leitores:

CROWE, Chris. *Getting Away with Murder: The True Story of the Emmett Till Case*. Nova York: Dial, 2003.

MCWHORTER, Diane. *A Dream of Freedom: The Civil Rights Movement from 1954 to 1968*. Nova York: Scholastic, 2004.

MELTZER, Milton. *There Comes a Time: The Struggle for Civil Rights*. Nova York: Random House, 2002.

MYER, Walter Dean. *I've Seen the Promised Land: The Life of Dr. Martin Luther King, Jr.* Nova York: HarperCollins, 2012.

ROCHELLE, Belinda. *Witnesses to Freedom: Young People Who Fought for Civil Rights*. Nova York: Lodestar Books/Dutton, 1993; Puffin, 1997.

Sites dedicados ao boicote aos ônibus de Montgomery e a muitos de seus participantes podem ser encontrados com uma busca na internet usando as palavras-chave "Rosa Parks", "dr. Martin Luther King Jr.", "Claudette Colvin", "Clifford e Virginia Durr", "Robert Graetz", "E. D. Nixon", "Jo Ann Robinson" e outros, bem como "boicote aos ônibus de Montgomery".

Em www.leyabrasil.com.br você tem acesso a novidades e conteúdo exclusivo. Visite o site e faça seu cadastro!

A LeYa Brasil também está presente em:

facebook.com/leyabrasil

@leyabrasil

instagram.com/editoraleyabrasil

LeYa Brasil

ESTE LIVRO FOI COMPOSTO EM DANTE MT STD,

CORPO 12 PT, PARA A EDITORA LEYA BRASIL